Dr. Oetker

NUR FÜR
MÄDELS
KOCHBUCH

Dr. Oetker

NUR FÜR MÄDELS KOCHBUCH

Dr. Oetker Verlag

Tolle Ideen
REZEPTE
NUR FÜR UNS

Der kleine Hunger zwischendurch, spontaner Besuch, der Auftakt zu einem schönen Menü oder tolle Überraschungen für den Mädelsabend – es gibt viele Gelegenheiten für gesunde kleine Mahlzeiten. Diese Rezepte machen Spaß und machen satt.

Frühstück
GETRÄNKE & TO-GO

Ein Tag, der mit
diesen kleinen kreativen
Köstlichkeiten beginnt, muss
einfach richtig gut werden.
Die haben Geschmack,
bringen Energie und machen
Spaß. Das ist der
perfekte Start!

Warme
BREAKFAST-QUINOA

FÜR 2 PORTIONEN ♥♥	ZUTATEN	
	150 g Quinoa	25 g getrocknete Cranberrys
	700 ml Milch (3,5 % Fett)	25 g getrocknete Sauerkirschen
ZUBEREITUNGSZEIT 25 Minuten	30 g gehobelte Mandeln	½ TL gem. Zimt
GARZEIT 22–25 Minuten	25 g getrocknete Softfeigen	20 g brauner Zucker

Nährwerte pro Portion Eiweiß: 26 g, Fett: 25 g, Kohlenhydrate: 98 g, Kilojoule: 3053, Kilokalorien: 728, BE: 8,0

1 Quinoa in einem Sieb mit reichlich heißem Wasser abspülen, abtropfen lassen, in einen hohen, weiten Topf geben und mit der Milch auffüllen. Quinoa zugedeckt bei schwacher Hitze 22–25 Minuten garen. Dabei öfter umrühren. **2** Die Mandeln in einer Pfanne ohne Fett goldbraun rösten. Die Feigen in kleine Stücke schneiden. Feigen, Cranberrys, Sauerkirschen, Zimt und Zucker etwa 5 Minuten vor Garzeitende unter die Quinoa rühren. **3** Quinoa anrichten, mit Mandeln bestreuen und noch warm servieren.

„Trifle-Style"
KNUSPERMÜSLI

FÜR 2 PORTIONEN
♥ ♥

ZUBEREITUNGSZEIT
20 Minuten,
ohne Abkühlzeit

ZUTATEN
50 g Müslimischung
nach Wahl
2 EL gehobelte Mandeln
200 g frische Beeren,
z. B. Himbeeren, Erdbee-
ren und Heidelbeeren

1 EL Zucker
1 EL Zitronensaft
200 g Speisequark
(10 % Fett)
4–5 EL
Holunderblütensirup
Mark von ½ Vanilleschote

Nährwerte pro Portion Eiweiß: 16 g, Fett: 8 g, Kohlenhydrate: 60 g, Kilojoule: 1599, Kilokalorien: 382, BE: 5,0

1 Müslimischung mit den Mandeln in einer
Pfanne ohne Fett unter Wenden einige Minuten
bei schwacher Hitze rösten, herausnehmen
und auf einem großen Teller oder Backblech
weit ausgebreitet erkalten lassen. **2** Himbeeren,
Erdbeeren und Heidelbeeren putzen, abspülen,
abtropfen lassen und entstielen. Erdbeeren
vierteln. Die vorbereiteten Früchte mit Zucker
und Zitronensaft mischen und beiseitestellen.

3 Quark mit Holunderblütensirup und Vanillemark
in einer Schüssel glatt rühren. **4** Zum Servieren
zuerst die Früchte in Gläsern verteilen und den
Quark daraufschichten. Müsli-Mandel-Mischung
daraufstreuen.

Tipp Das Müsli kann schon in größeren Portionen
auf Vorrat geröstet werden. Dadurch erspart man
sich die Abkühlzeit.

♥ SCHNELL
ANGERÜHRT

BLAUBEER-RICOTTA-PANCAKES

**FÜR 4 PORTIONEN
(12 STÜCK)**
♥♥♥♥

ZUBEREITUNGSZEIT
30 Minuten
GARZEIT
etwa 15 Minuten

ZUTATEN
100 g Blaubeeren
(Heidelbeeren)
100 g griechischer
Sahnejoghurt (10 % Fett)
1 Pck. Dr. Oetker
Bourbon-Vanille-Zucker

**FÜR DEN
PANCAKES-TEIG:**
½ TL fein abgeriebene
Schale von 1 Bio-Zitrone
(unbehandelt,
ungewachst)
125 g Ricotta
(ital. Frischkäse)
30 g Zucker
2 Eigelb (Größe S)

Salz
60 g Weizenmehl
1 gestr. TL Dr. Oetker
Backin
75 ml Milch (3,5 % Fett)
2 Eiweiß (Größe S)
etwa 4 EL Butter
etwas Puderzucker
150 ml Ahornsirup

Nährwerte pro Portion Eiweiß: 9 g, Fett: 28 g, Kohlenhydrate: 53 g, Kilojoule: 2088, Kilokalorien: 499, BE: 4,5

1 Blaubeeren verlesen, abspülen und abtropfen lassen. Joghurt mit Vanille-Zucker in einer kleinen Schüssel verrühren. **2** Für den Teig Zitronenschale, Ricotta, 15 g vom Zucker, Eigelb und 1 Prise Salz in einer Rührschüssel glatt rühren. Mehl mit Backpulver mischen, mit der Milch kurz und sorgfältig unter die Ricotta-Masse rühren. Eiweiß mit restlichem Zucker steif schlagen und mit dem Schneebesen unter den Teig heben. **3** Einen Teelöffel Butter in einer beschichteten Pfanne zerlassen. 3 Pancakes darin backen. Dazu je Pancake 3–4 Esslöffel Teig in die Pfanne geben und etwa 4 Minuten bei schwacher bis mittlerer Hitze backen, bis der Teig etwas fest geworden ist. Blaubeeren darauf verteilen. **4** Die Pancakes am besten mit einer Palette wenden. Einen weiteren Teelöffel Butter hinzugeben. Die Pancakes noch 3–4 Minuten backen. Aus dem Teig insgesamt 12 Pancakes backen. **5** Die Pancakes mit Puderzucker bestäuben und mit Ahornsirup beträufeln. Den Joghurt dazureichen.

KLASSIKER
mal fruchtig

FRENCH TOAST

FÜR 2 PORTIONEN	ZUTATEN	50 ml Milch (3,5 % Fett)
♥ ♥	2 Äpfel, z. B. Gala	Salz
	1 EL Zitronensaft	2 Scheiben Rosinenbrot
ZUBEREITUNGSZEIT	1 TL gem. Zimt	(Rosinenstuten)
20 Minuten	Mark von ½ Vanilleschote	40 g Butter
	1 EL Puderzucker	2 EL flüssiger Honig
	1 Ei (Größe M)	Puderzucker

Nährwerte pro Portion Eiweiß: 3 g, Fett: 21 g, Kohlenhydrate: 68 g, Kilojoule: 2003, Kilokalorien: 478, BE: 5,5

1 Äpfel schälen, vierteln, entkernen und in Spalten schneiden. Apfelspalten mit Zitronensaft, Zimt, Vanillemark und Puderzucker vermischen.

2 Ei mit Milch in einem weiten Gefäß verschlagen, mit 1 Prise Salz würzen. Die Brotscheiben darin von jeder Seite gründlich eintauchen.

3 Die Hälfte der Butter in einer großen Pfanne zerlassen. Die Apfelspalten darin bei starker Hitze rundherum goldbraun braten. Restliche Butter in einer zweiten Pfanne bei mittlerer Hitze zerlassen. Die Brotscheiben darin von jeder Seite etwa 2 Minuten goldbraun braten und herausnehmen.

4 French Toast mit den gebratenen Apfelspalten belegen, mit Honig beträufeln und dick mit Puderzucker bestäuben.

Tipp: Dazu passt eine gute **Tasse Zitrus-Minze-Schwarztee**. Für den Tee eine Bio-Orange (unbehandelt, ungewachst) heiß abwaschen, abtrocknen und halbieren. Von einer Orangenhälfte die Schale mit einem Sparschäler dünn abschneiden. 5 g geschälter Ingwer in sehr dünne Scheiben schneiden. 1 Stängel Minze abspülen, trocken tupfen, die Blättchen von dem Stängel zupfen. 1 Bio-Zitrone (unbehandelt, ungewachst) heiß abwaschen, abtrocknen und halbieren. Von einer Zitronenhälfte 4 dünne Scheiben abschneiden. Die vorbereiteten Zutaten in eine Teekanne geben. 2 Esslöffel Assamtee, beste Qualität, in einen Teefilter füllen und in die Teekanne geben. Von der Orangenhälfte den Saft auspressen, mit 350 ml Wasser zum Kochen bringen. Den Tee mit dem kochend heißen Orangen-Wasser überbrühen und 3–5 Minuten geschlossen ziehen lassen. Teefilter herausnehmen. (Zutaten für 2 Portionen).

EI IM BRÖTCHEN

**FÜR 4 PORTIONEN
(4 STÜCK)**
♥♥♥♥
ZUBEREITUNGSZEIT
25 Minuten
BACKZEIT
etwa 18 Minuten

ZUTATEN
4 Ciabatta-Brötchen zum
Aufbacken (je etwa 75 g)
4 TL Tahini-Paste
100 g Frühlingszwiebeln
100 g Tomaten

15 Minzeblättchen
100 g Fetakäse
Salz
1 TL gem. Kreuzkümmel
(Cumin)

1 TL Paprikapulver
edelsüß
4 Eier (Größe M)
½ TL Schwarzkümmel
grobes Meersalz

Nährwerte pro Portion Eiweiß: 16 g, Fett: 17 g, Kohlenhydrate: 20 g, Kilojoule: 1267, Kilokalorien: 303, BE: 1,5

1 Die Brötchen soweit wie möglich aushöhlen. Das Innere anderweitig verwenden. In jedes Brötchen 1 Teelöffel Tahini-Paste geben. **2** Den Backofen vorheizen. **Ober-/Unterhitze:** etwa 180 °C, **Heißluft:** etwa 160 °C. **3** Frühlingszwiebeln putzen, abspülen und abtropfen lassen. Frühlingszwiebeln in sehr dünne Scheiben schneiden. Tomaten abspülen, abtropfen lassen und die Stängelansätze herausschneiden. Tomaten in etwa ½ cm große Würfel schneiden. Minzeblättchen abspülen, trocken tupfen und klein schneiden. Fetakäse zerbröseln. Die vorbereiteten Zutaten mischen, leicht salzen, mit Kreuzkümmel und Paprika würzen. Die Mischung in den Brötchen verteilen und leicht festdrücken. **4** Die Brötchen auf ein Backblech (mit Backpapier belegt) legen. In jedes Brötchen ein aufgeschlagenes Ei geben und mit Schwarzkümmel bestreuen. Das Backblech in den vorgeheizten Backofen schieben. Die Brötchen etwa 18 Minuten backen, bis das Eiweiß gestockt und die Brötchen schön knusprig sind. Das Ei jeweils mit etwas Meersalz bestreuen. Die Brötchen warm oder kalt genießen.

FRUCHTGENUSS
mit Körnern

VOLLKORN-STULLE

FÜR 2 PORTIONEN
 ♥ ♥

ZUBEREITUNGSZEIT
15 Minuten

ZUTATEN
1 EL gehobelte
Haselnusskerne
4 getrocknete Softfeigen
4 schöne
Basilikumblättchen

4 Scheiben
Körner-Schwarzbrot
100 g Ziegenfrischkäse
gem., schwarzer Pfeffer
1 Stück Birne (etwa 50 g)
1 TL Zitronensaft

Nährwerte pro Portion Eiweiß: 6 g, Fett: 18 g, Kohlenhydrate: 28 g, Kilojoule: 1262, Kilokalorien: 303, BE: 2,5

1 Haselnusskerne in einer Pfanne ohne Fett unter Rühren goldbraun rösten, herausnehmen und auf einem Teller erkalten lassen. **2** Die Feigen in dünne Scheibchen schneiden. Basilikumblättchen abspülen, trocken tupfen und grob zerschneiden. **3** Die Schwarzbrotscheiben mit Frischkäse bestreichen und mit Pfeffer bestreuen. Birne heiß abspülen, trocken tupfen, halbieren und entkernen. Birnenstück mit Schale in Streifen schneiden. Birnenstreifen mit Zitronensaft beträufeln. **4** Die Birnenstreifen mit den Feigenscheibchen, Haselnusskernen und dem Basilikum auf dem Frischkäse verteilen. Je 2 belegte Brotscheiben aufeinanderlegen. **5** Zum Transportieren die Vollkorn-Stulle in Frischhaltefolie wickeln oder in einer Brotdose verpacken. (Serviette nicht vergessen!)

EDELSTULLE

FÜR 1 PORTION

♥

ZUBEREITUNGSZEIT
15 Minuten

ZUTATEN
¼ Bund Schnittlauch
40 g Crème fraîche
Salz

1 dünne Scheibe Graubrot
5 g Butter
2 Wachteleier
evtl. Kaviar

Nährwerte pro Portion Eiweiß: 6 g, Fett: 16 g, Kohlenhydrate: 24 g, Kilojoule: 1106, Kilokalorien: 266, BE: 2,0

1 Schnittlauch abspülen, trocken tupfen und in feine Röllchen schneiden. Einige Schnittlauchröllchen beiseitelegen. Restliche Schnittlauchröllchen mit Crème fraîche und etwas Salz verrühren. **2** Die Brotscheibe im Toaster rösten. Gleichzeitig Butter in einer Pfanne zerlassen. Die Eier vorsichtig aufschlagen und nebeneinander in das Fett gleiten lassen. Die Eier etwa 5 Minuten bei mittlerer Hitze braten, bis das Eiweiß fest geworden ist. Eier mit Salz bestreuen und aus der Pfanne nehmen.
3 Die Brotscheibe mit den Wachteleiern, mit Crème fraîche und nach Belieben mit Kaviar garnieren. Beiseitegelegte Schnittlauchröllchen daraufstreuen. Sofort servieren.

Tipp Dazu unbedingt ein Gläschen gut gekühlten Rosé Champagner trinken.

♥ RAFFINIERT

Frühstücks-
EIER IM GLAS

FÜR 4 GLÄSER	ZUTATEN	Meersalz	Thymianblättchen
♥ ♥ ♥ ♥	10 Cocktailtomaten	gem., schwarzer Pfeffer	4 Scheiben Toastbrot
	10 weiße Champignons	20 g Butter	einige Butterwürfel
	(etwa 50 g)	(zimmerwarm)	
ZUBEREITUNGSZEIT	2 Scheiben Bacon	4 Eier (Größe L)	AUSSERDEM:
30 Minuten	(Frühstücksspeck)	4 EL Schlagsahne	4 Glasförmchen
GARZEIT	2 EL Speiseöl	½ TL frische	
10–12 Minuten			

Nährwerte pro Portion Eiweiß: 12 g, Fett: 27 g, Kohlenhydrate: 14 g, Kilojoule: 1433, Kilokalorien: 342, BE: 1,0

1 Tomaten abspülen, trocken tupfen und die Stängelansätze herausschneiden. Tomaten halbieren. Champignons putzen, evtl. kurz abspülen, trocken tupfen und vierteln. Baconscheiben der Länge nach in etwa 1 cm breite Streifen schneiden. **2** Den Backofen vorheizen. **Ober-/Unterhitze:** etwa 180 °C, **Heißluft:** etwa 160 °C. **3** Speiseöl in einer Pfanne erhitzen. Baconstreifen darin bei mittlerer Hitze knusprig ausbraten und herausnehmen. **4** Zunächst die Champignonviertel in dem verbliebenen Bratfett unter Wenden goldbraun braten. Dann die Tomatenhälften hinzugeben. Mit Salz und Pfeffer würzen. Tomatenhälften kurz mit andünsten. Baconstreifen untermischen. **5** Eine Auflaufform etwa 3 cm hoch mit heißem Wasser füllen. 4 kleine, feuerfeste Gläser mit Butter ausstreichen. **6** Zuerst die Champignon-

Tomaten-Mischung darin verteilen. Dann die Eier vorsichtig aufschlagen und jeweils ein Ei in die Gläser geben. Das Eiweiß mit je einem Esslöffel Sahne beträufeln. Die Eier mit grob gemahlenem Pfeffer und einigen abgespülten und trocken getupften Thymianblättchen bestreuen. Die Gläser in das Wasserbad stellen. Die Auflaufform auf dem Rost in den vorgeheizten Backofen schieben. Die Frühstückseier im Glas 10–12 Minuten garen. **7** Die Brotscheiben toasten. Mit kleinen Butterwürfeln und Meersalz zu den Eiern servieren.

HIMBEER-BUTTERMILCH-SMOOTHIE

FÜR 2 PORTIONEN	ZUTATEN	150 g frische Himbeeren
♥ ♥	150 g Buttermilch	250 ml Himbeersorbet
ZUBEREITUNGSZEIT	2 EL Zucker	oder Himbeereis
5 Minuten	2 EL Zitronensaft	

Nährwerte pro Portion Eiweiß: 4 g, Fett: 3 g, Kohlenhydrate: 40 g, Kilojoule: 917, Kilokalorien: 219, BE: 3,5

1 Buttermilch mit Zucker, Zitronensaft, verlesenen Himbeeren und dem leicht angetauten Himbeersorbet oder -eis in einen Elektromixer geben und kurz pürieren. Himbeer-Buttermilch-Smoothie in 2 Gläsern verteilen und sofort servieren.

MELONEN-SMOOTHIE

FÜR 2 PORTIONEN	ZUTATEN	1 TL Zitronensaft	150 ml Milch (1,5 % Fett)
♥ ♥	500 g orangefarbene	3 EL flüssiger Honig	100 ml Apfelsaft
ZUBEREITUNGSZEIT	Netzmelone	50 g Crème fraîche	
15 Minuten	2 Bananen (etwa 180 g)	oder Joghurt (3,5 % Fett)	

Nährwerte pro Portion Eiweiß: 6 g, Fett: 6 g, Kohlenhydrate: 70 g, Kilojoule: 1522, Kilokalorien: 364, BE: 6,0

1 Melone halbieren, entkernen, schälen und in kleine Stücke schneiden. Bananen schälen und ebenfalls in Stücke schneiden. Melonen- und Bananenstücke mit Zitronensaft, Honig, Crème fraîche oder Joghurt, Milch und Apfelsaft in einem Elektromixer fein pürieren. Melonen-Smoothie in 2 Gläsern verteilen.

GURKEN-SELLERIE-SMOOTHIE

FÜR 2 PORTIONEN	ZUTATEN	100 g griechischer	Meersalz
♥ ♥	1 Salatgurke	Sahnejoghurt (10 % Fett)	gem. Pfeffer
ZUBEREITUNGSZEIT	1 Stange Staudensellerie	30 g Amaranth-Pops	½ TL gem. Koriander
15 Minuten	mit Grün (etwa 100 g)	(erhältlich in Reform-	
	5 Stängel glatte Petersilie	häusern oder Drogerien)	

Nährwerte pro Portion Eiweiß: 4 g, Fett: 6 g, Kohlenhydrate: 18 g, Kilojoule: 620, Kilokalorien: 147, BE: 1,0

1 Von der Gurke die Enden abschneiden, Gurke schälen und grob zerkleinern. Selleriestange mit dem Grün putzen, abspülen, abtropfen lassen und mit dem Grün grob zerkleinern. Petersilie abspülen und trocken tupfen. Die Blättchen von den Stängeln zupfen. Blättchen grob zerschneiden. Die vorbereiteten Zutaten mit Joghurt, Amaranth-Pops, etwas Meersalz, Pfeffer und Koriander in einen Elektromixer geben und fein pürieren. Gurken-Sellerie-Smoothie in 2 Gläsern verteilen.

♥ AROMATISCH
DUFTEND

SPICY
SCHOKO-KAFFEE
mit Milchschaum

FÜR 2 PORTIONEN
♥ ♥

ZUBEREITUNGSZEIT
15 Minuten

ZUTATEN
⅛ rote Chilischote
10 g frischer Ingwer
75 g Zartbitter-
Schokolade

300 ml Milch (3,5 % Fett)
200 ml starker Kaffee
3 EL Ahornsirup

Nährwerte pro Portion Eiweiß: 8 g, Fett: 17 g, Kohlenhydrate: 45 g, Kilojoule: 1541, Kilokalorien: 368, BE: 4,0

1 Chilischote abspülen, trocken tupfen und fein hacken. Ingwer schälen und fein reiben. Schokolade klein hacken. 200 ml Milch mit Chili, Ingwer und Schokolade in einem kleinen Topf bei schwacher Hitze unter Rühren erhitzen, bis die Schokolade geschmolzen ist. Den Kaffee und Ahornsirup hinzugeben. Dann alles durch ein feines Sieb gießen, erhitzen und warm halten. **2** Die restliche Milch leicht erhitzen (etwa 40 °C). Die Milch mit einem Milchschäumer oder einem Mixer (Rührstäbe) aufschäumen. Den Schoko-Kaffee in Gläser füllen und den Milchschaum darauf verteilen.

♥
EXOTISCH –
WÜRZIG

Havanna-Moon
CHILI-FLIP

FÜR 2 PORTIONEN
♥♥

ZUBEREITUNGSZEIT
15 Minuten

ZUTATEN
¼ rote Chilischote
¼ Papaya (etwa 75 g)
¼ Avocado (etwa 75 g)
1 kleine Banane
(etwa 75 g)

300 ml frisch gepresster
Orangensaft
2 EL Limettensaft
200 ml Mineralwasser
mit Kohlensäure
evtl. Eiswürfel

Nährwerte pro Portion Eiweiß: 2 g, Fett: 7 g, Kohlenhydrate: 20 g, Kilojoule: 658, Kilokalorien: 157, BE: 1,5

1 Chili abspülen, trocken tupfen, entstielen und vierteln. Chiliviertel fein schneiden. Papaya längs vierteln und die Kerne herausschaben. Papayaviertel schälen. Avocado halbieren und den Stein entfernen. Avocadohälfte vierteln und das Fruchtfleisch mit einem Esslöffel aus der Schale lösen. Banane schälen. **2** Die vorbereiteten Fruchtstücke in grobe Stücke schneiden und in einen Rührbecher geben. Chili, Orangen-, Limettensaft und Mineralwasser hinzugeben. Die Zutaten mit einem Pürierstab oder in einem Elektromixer fein pürieren. **3** Den Flip in 2 Gläsern verteilen, dabei nach Belieben auf Eiswürfel gießen.

FEIN-WÜRZIG

Heiße
YOGI-MILCH

FÜR 2 PORTIONEN

♥ ♥

ZUBEREITUNGSZEIT
15 Minuten,
ohne Ziehzeit

ZUTATEN
4 grüne
Kardamomkapseln
500 ml Milch (3,5 % Fett)
3 Gewürznelken
8 schwarze Pfefferkörner
1 Döschen (0,1 g) Safran

Mark von ½ Vanilleschote
1 TL fein abgeriebene
Schale von 1 Bio-Orange
(unbehandelt,
ungewachst)
1 TL gem. Zimt

Nährwerte pro Portion Eiweiß: 9 g, Fett: 9 g, Kohlenhydrate: 13 g, Kilojoule: 717, Kilokalorien: 171, BE: 1,0

1 Kardamomsamen aus den Kapseln lösen. Milch in einen Topf geben. Kardamom, Nelken und Pfefferkörner im Mörser zerstoßen. Mit Safran, Vanillemark, Orangenschale und Zimt zur Milch in den Topf geben. Die Milch bei schwacher Hitze zum Kochen bringen. Dann den Topf von der Kochstelle nehmen. Den Topf mit einem Deckel verschließen. Die Gewürze etwa 5 Minuten in der Milch ziehen lassen. **2** Die Safranmilch durch ein feines Sieb gießen, in Gläser füllen und heiß trinken.

Salate
SUPPEN & SNACKS

Langweilig war gestern.
Jetzt gibt es in ungewöhnlichen
Kombinationen
Knackiges und Knuspriges,
Süßes und Pikantes, Rohes und
Gekochtes. Zum Auslöffeln oder
zum Reinbeißen.

ERBSEN-BUTTERMILCH-
Suppe

FÜR 1 PORTION
♥

ZUBEREITUNGSZEIT
35 Minuten,
ohne Kühlzeit

GARZEIT
8–9 Minuten

ZUTATEN
FÜR DAS GURKEN-SHRIMPS-SANDWICH:
50 g abgetropfte Shrimps in Lake
1 Bio-Limette (unbehandelt, ungewachst)
1 EL Limettensaft
50 g Frischkäse, fettreduziert
frisch gem. Meersalz

¼ Minigurke
2 Scheiben Sandwichbrot (etwa 40 g)

FÜR DIE ERBSEN-BUTTERMILCH-SUPPE:
1 Schalotte
2 EL Olivenöl
einige getrocknete, rote Chilibrösel (nach Geschmack)

200 ml gute Gemüsebrühe (evtl. aus gekörnter Bio-Brühe)
75 g TK-Erbsen
frisch gem. Meersalz
1 gestr. TL Speisestärke
5 schöne Minzeblättchen
50 g Buttermilch
20 g Pistazienkerne mit Schale, geröstet und gesalzen

Nährwerte pro Portion Eiweiß: 27 g, Fett: 34 g, Kohlenhydrate: 42 g, Kilojoule: 2441, Kilokalorien: 582, BE: 3,0

1 Für das Sandwich Shrimps evtl. mit Küchenpapier trocken tupfen. Limette heiß abwaschen, abtrocknen und die Schale fein abreiben. Limette halbieren, den Saft auspressen und einen Esslöffel Saft abmessen. Limettensaft mit Frischkäse und etwas Salz in einer kleinen Schüssel verrühren. **2** Gurkenviertel abspülen, abtrocknen und mit der Schale in feine Streifen schneiden. Gurkenstreifen und Shrimps unter den Frischkäse mischen und auf eine Sandwichscheibe streichen. Mit der zweiten Sandwichscheibe belegen. **3** Das Sandwich fest in Frischhaltefolie wickeln und etwa 45 Minuten im Kühlschrank durchziehen lassen. **4** Für die Suppe Schalotte abziehen und in kleine Würfel schneiden. Einen Esslöffel vom Olivenöl in einem Topf erhitzen. Schalottenwürfel und Chilibrösel darin andünsten. Brühe hinzugießen, zum Kochen bringen und etwa 5 Minuten kochen lassen. **5** Gefrorene Erbsen hinzugeben, mit Salz würzen. Die Suppe wieder zum Kochen bringen und 3–4 Minuten kochen lassen. **6** Speisestärke mit etwas Wasser anrühren, in die Suppe rühren und unter Rühren einmal aufkochen lassen. Minzeblättchen abspülen und trocken tupfen. Drei Minzeblättchen in die Suppe geben. Die Suppe mit einem Pürierstab sehr fein pürieren. **7** Die Suppe im kalten Wasserbad kalt rühren, dann die Buttermilch unterrühren. Die Suppe evtl. mit Salz abschmecken. **8** Pistazienkerne aus der Schale lösen, grob hacken und auf einen kleinen Teller geben. Das Sandwichbrot aus der Folie wickeln. Die Rinde abschneiden. Das Sandwichbrot einmal durchschneiden. Die Schnittstellen in die Pistazien drücken. **9** Restliche Minzeblättchen in feine Streifen schneiden. Die Suppe damit bestreuen und mit dem restlichen Olivenöl beträufeln. **10** Die Suppe in eine Suppentasse geben und mit dem Sandwich servieren.

JEWISH PENICILLIN
mit Grießklösschen

FÜR 4 PORTIONEN
♥♥♥♥

ZUBEREITUNGSZEIT
45 Minuten

GARZEIT
1 Stunde 35 Minuten

ZUTATEN

FÜR DIE HÜHNERBRÜHE:
1,25 kg Hühnerklein
2 ½ l Wasser
300 g Suppengrün
(Sellerie, Möhren, Porree)
125 g Zwiebeln

100 g Tomaten
2 Stängel Thymian
3 Stängel glatte Petersilie
1 Lorbeerblatt
10 schwarze Pfefferkörner
Salz

FÜR DIE KLÖSSCHEN:
200 ml Milch (3,5 % Fett)
20 g Butter
Salz, ger. Muskatnuss
80 g Hartweizengrieß
2 Möhren
1 Bund Schnittlauch
Salzwasser

Nährwerte pro Portion Eiweiß: 30 g, Fett: 27 g, Kohlenhydrate: 20 g, Kilojoule: 1847, Kilokalorien: 442, BE: 1,5

1 Für die Brühe Hühnerklein unter fließendem kalten Wasser abspülen, abtropfen lassen und in einen Topf geben. 2 ½ l kaltes Wasser hinzugießen und zum Kochen bringen, evtl. abschäumen. Hühnerklein etwa 1 ½ Stunden bei schwacher Hitze ohne Deckel auf etwa 1,2 l Brühe einkochen lassen. **2** Sellerie und Möhren putzen, schälen, abspülen, abtropfen lassen und in etwa 2 cm große Stücke schneiden. Porree putzen, die Stange längs halbieren, gründlich waschen und abtropfen lassen. Zwiebeln abziehen. Porree und Zwiebeln ebenfalls in etwa 2 cm große Stücke schneiden. Tomaten abspülen und trocken tupfen. Thymian und Petersilie abspülen und trocken tupfen. **3** Suppengrün-, Zwiebelstücke, Tomaten, Thymian, Petersilie, Lorbeerblatt und Pfefferkörner nach etwa 50 Minuten Garzeit zu dem Hühnerklein in den Topf geben, leicht mit Salz würzen, wieder zum Kochen bringen und fertig garen. **4** Die

Brühe durch ein feines Sieb in einen Topf gießen. **5** Für die Klößchen Milch mit Butter, Salz und Muskat in einem Topf aufkochen lassen. Den Topf von der Kochstelle nehmen. Den Grieß langsam einstreuen, etwa 1 Minute bei mittlerer Hitze erhitzen. Grießmasse leicht abkühlen lassen. **6** Möhren putzen, schälen, abspülen, abtropfen lassen und in dünne Scheiben schneiden. Die Hühnerbrühe wieder zum Kochen bringen. Die Möhrenscheiben darin 3–4 Minuten kochen lassen. Schnittlauch abspülen, trocken tupfen und in feine Röllchen schneiden. **7** Aus der Grießmasse mit leicht angefeuchteten Händen 12 runde, glatte Klößchen formen. Die Klößchen in leicht kochendem Salzwasser 5–6 Minuten bei schwacher Hitze ziehen lassen. Die Klößchen mit einem Schaumlöffel herausnehmen, in die Hühnerbrühe geben und in Suppentassen füllen. Die Suppe mit Schnittlauchröllchen bestreuen und servieren.

RAFFINIERT

Süßkartoffelsuppe
MIT BACKOBST
UND BACON

FÜR 4 PORTIONEN
♥♥♥♥

ZUBEREITUNGSZEIT
35 Minuten
GARZEIT
etwa 20 Minuten

ZUTATEN
100 g Zwiebeln
20 g frischer Ingwer
300 g Süßkartoffeln
8 Pimentkörner
5 Wacholderbeeren
30 g Butter
150 ml Möhrensaft

100 ml Orangensaft
500 ml Geflügelbrühe
Salz
je 1 TL fein abgeriebene
Bio-Orangen-
und -Zitronenschale
(unbehandelt,
ungewachst)

40 g frische
Meerrettichwurzel
½ Bund Schnittlauch
50 g gemischtes
Backobst
1 EL Speiseöl
4 Scheiben Bacon
(Frühstücksspeck)

Nährwerte pro Portion Eiweiß: 5 g, Fett: 11 g, Kohlenhydrate: 29 g, Kilojoule: 1017, Kilokalorien: 243, BE: 2,0

1 Zwiebeln abziehen und in kleine Würfel schneiden. Ingwer abspülen, trocken tupfen und mit der Schale klein würfeln. **2** Süßkartoffeln dick schälen, abspülen, abtropfen lassen und in grobe Würfel schneiden. Pimentkörner und Wacholderbeeren grob zerstoßen. Butter in einem Topf zerlassen. Die vorbereiteten Zutaten darin kräftig unter Rühren andünsten. Möhren-, Orangensaft und Brühe hinzugießen, mit Salz würzen. Die Zutaten zum Kochen bringen und etwa 20 Minuten ohne Deckel kochen lassen. **3** Die Suppe fein pürieren und anschließend durch ein feines Sieb in einen Topf gießen. Die Rückstände im Sieb gut ausdrücken. Orangen-

und Zitronenschale unterrühren. Evtl. mit Salz abschmecken. **4** Meerrettich putzen, schälen, abspülen und abtropfen lassen. Schnittlauch abspülen, trocken tupfen und in feine Röllchen schneiden. Backobst in kleine Würfel schneiden. **5** Speiseöl in einer Pfanne erhitzen. Baconscheiben darin von beiden Seiten knusprig ausbraten, herausnehmen und auf Küchenpapier abtropfen lassen. **6** Die Suppe nochmals erhitzen. Backobstwürfel hineingeben. Die Suppe anrichten. Meerrettich darüberschaben und mit Schnittlauchröllchen bestreuen. Baconscheiben dazureichen.

CALIFORNIA-VINAIGRETTE

FÜR 4 PORTIONEN
♥♥♥♥

ZUBEREITUNGSZEIT
10 Minuten

ZUTATEN
2 Tomaten
1 Schalotte
½ Knoblauchzehe
¼ rote Chilischote

10 g frischer Ingwer
3 Stängel Koriandergrün
50 ml Orangensaft
3 EL Limettensaft
2 EL Ahornsirup

2 EL mittelscharfer Senf
2 EL Sojasauce
3 EL Traubenkernöl
1 EL dunkles Sesamöl
Salz

Nährwerte pro Portion Eiweiß: 2 g, Fett: 11 g, Kohlenhydrate: 14 g, Kilojoule: 674, Kilokalorien: 160, BE: 1,0

1 Tomaten kreuzweise einschneiden und mit kochendem Wasser übergießen. Nach 1–2 Minuten herausnehmen und mit kaltem Wasser abschrecken. Tomaten häuten, halbieren und die Stängelansätze herausschneiden. Tomaten in kleine Würfel schneiden. Schalotte und Knoblauch abziehen. Schalotte klein würfeln. Knoblauch durch eine Knoblauchpresse drücken. Chilischotenviertel abspülen, trocken tupfen und entstielen. Chiliviertel mit den Kernen fein hacken. Ingwer schälen und klein würfeln. Koriandergrün abspülen, trocken tupfen und klein schneiden. **2** Die vorbereiteten Zutaten mit Orangen-, Limettensaft, Ahornsirup, Senf, Sojasauce, Traubenkernöl und Sesamöl verrühren. Mit Salz würzen. Die Vinaigrette maximal 1 Tag im Kühlschrank aufbewahren.

VITAL-SALATSAUCE

FÜR 4 PORTIONEN
♥♥♥♥

ZUBEREITUNGSZEIT
5 Minuten

ZUTATEN
2 EL Sanddornmark
(aus dem Glas)
4 EL flüssiger Honig

50 ml Orangensaft
2 EL süßer Senf
3 EL Mandelöl
2 EL Rapsöl

Salz
gem. Pfeffer
1 Stängel Thymian

Nährwerte pro Portion Eiweiß: 1 g, Fett: 13 g, Kohlenhydrate: 17 g, Kilojoule: 796, Kilokalorien: 190, BE: 1,5

1 Sanddornmark mit Honig, Orangensaft und Senf in einer Schüssel verrühren. Mandelöl und Rapsöl unterschlagen. Mit Salz und Pfeffer würzen. Thymian abspülen und trocken tupfen. Die Blättchen von den Stängeln zupfen. Blättchen klein schneiden und unter die Sauce rühren. Die Sauce hält sich in einem verschlossenen Gefäß etwa eine Woche im Kühlschrank.

MEDITERRANE SALATSAUCE

FÜR 4 PORTIONEN
♥ ♥ ♥ ♥

ZUBEREITUNGSZEIT
10 Minuten

ZUTATEN
10 g weiche, getrocknete
Tomaten ohne Öl
8 schwarze Oliven
mit Stein

10 g kleine Kapern
1–2 Sardellenfilets in Öl
3 EL Zitronensaft
100 ml Wasser
4 EL Olivenöl

1 TL Zucker
Salz
gem. Pfeffer
1 kleiner Stängel Rosmarin
2–3 Stängel Basilikum

Nährwerte pro Portion Eiweiß: 1 g, Fett: 14 g, Kohlenhydrate: 2 g, Kilojoule: 567, Kilokalorien: 136, BE: 0,0

1 Tomaten in kleine Würfel schneiden. Oliven vom Stein schneiden und klein schneiden. Kapern in ein Sieb geben, abspülen und abtropfen lassen. Sardellenfilets abspülen, trocken tupfen und klein hacken. **2** Die vorbereiteten Zutaten mit Zitronensaft, Wasser und Olivenöl verrühren.

Mit Zucker, Salz und Pfeffer würzen. Rosmarin und Basilikum abspülen und trocken tupfen. Die Nadeln bzw. Blättchen von den Stängeln zupfen. Nadeln und Blättchen klein schneiden, unter die Salatsauce rühren. Die Sauce hält sich 2–3 Tage im Kühlschrank.

JOGHURT-TAHINI-DRESSING

FÜR 4 PORTIONEN
♥ ♥ ♥ ♥

ZUBEREITUNGSZEIT
10 Minuten

ZUTATEN
1 Knoblauchzehe
1 Stängel Minze

2 EL Tahini (Sesammus)
150 g Joghurt (1,5 % Fett)
100 ml Milch (3,5 % Fett)
2 EL Zitronensaft

½ TL getrocknete
Chilibrösel
½ TL Schwarzkümmel
Salz

Nährwerte pro Portion Eiweiß: 5 g, Fett: 7 g, Kohlenhydrate: 6 g, Kilojoule: 452, Kilokalorien: 108, BE: 0,5

1 Knoblauch abziehen und durch eine Knoblauchpresse drücken. Minze abspülen und trocken tupfen. Die Blättchen von dem Stängel zupfen. Blättchen klein schneiden. **2** Tahini

mit Joghurt, Milch, Zitronensaft, Chilibröseln, Schwarzkümmel und Salz verrühren. Knoblauch und Minze unterrühren. Die Sauce hält sich 2–3 Tage im Kühlschrank.

Pimp your salad

MARINIERTER FETA MIT FEIGEN

FÜR 2 PORTIONEN
♥♥

Nährwerte pro Portion Eiweiß: 9 g, Fett: 20 g, Kohlenhydrate: 10 g, Kilojoule: 1068, Kilokalorien: 255, BE: 0,5

100 g Fetakäse in kleine Würfel scheiden. 1 Esslöffel frische Rosmarinnadeln grob zerschneiden, zusammen mit Zesten (dünne Schalenstreifen) von ½ Bio-Zitrone, 30 g klein gewürfelten Softfeigen, 2 Esslöffeln Olivenöl und etwas grob gemahlenem Pfeffer vorsichtig mit den Käsewürfeln mischen. Mindestens 30 Minuten marinieren.

SPANISCHES TAPA-TOPPING

FÜR 2 PORTIONEN
♥♥

Nährwerte pro Portion Eiweiß: 8 g, Fett: 25 g, Kohlenhydrate: 12 g, Kilojoule: 1278, Kilokalorien: 305, BE: 1,0

Je 1 rote und gelbe Paprikaschote putzen, abspülen, abtropfen lassen, in nicht zu kleine Würfel schneiden. 1 Knoblauchzehe abziehen, in feine Scheibchen schneiden. 2 Esslöffel Olivenöl in einer Pfanne erhitzen. Paprikawürfel und 2 Esslöffel gestiftelte Mandeln darin unter Wenden leicht anbraten. Knoblauchscheiben und 10 Kalamata-Oliven hinzugeben, kurz mit anrösten. 2 Stängel glatte Petersilie grob hacken, mit 1 Esslöffel Bio-Orangen-Zesten unter die Paprika-Oliven-Mischung rühren. Die Pfanne von der Kochstelle nehmen. Tapa-Topping mit Salz und Pfeffer bestreuen. Noch warm mit 30 g dünn gehobeltem Manchego-Käse über einen angerichteten Salat streuen.

GARNELENSPIESSE AUF ZITRONENGRAS

FÜR 2 PORTIONEN
♥♥

Nährwerte pro Portion Eiweiß: 26 g, Fett: 8 g, Kohlenhydrate: 4 g, Kilojoule: 815, Kilokalorien: 195, BE: 0,5

2 dicke Zitronengrasstängel (je 10–15 g) der Länge nach halbieren. Insgesamt 12 küchenfertige Garnelen (je etwa 20 g) und 8 Kaffirblätter (Limettenblätter) so auf die Zitronengrasstängel spießen, dass auf jedem Spieß 3 Garnelen und 2 Kaffirblätter sind. Mit Salz und Cayennepfeffer würzen. 2 Esslöffel Olivenöl in einer weiten Pfanne erhitzen. Die Garnelenspieße von jeder Seite etwa 2 Minuten bei mittlerer Hitze braten. Die Garnelenspieße mit 1 Esslöffel Limettensaft beträufeln und mit 20 g klein gehackten, gerösteten und gesalzenen Cashewkernen bestreuen.

SCHMECKT WIE IM URLAUB

MANGO MIT BASILIKUM IN SERRANO-SCHINKEN

FÜR 2 PORTIONEN
♥♥

Nährwerte pro Portion Eiweiß: 8 g, Fett: 12 g, Kohlenhydrate: 18 g, Kilojoule: 912, Kilokalorien: 218, BE: 1,5

Von einer nicht zu reifen Mango 8 Spalten vom Stein abschneiden und schälen. 4 Scheiben Serrano-Schinken längs halbieren. Die 8 Mangospalten zuerst mit insgesamt 8 schönen Basilikumblättern belegen, dann mit je einer halbierten Schinkenscheibe umwickeln. Jeweils mit einem Zahnstocher feststecken. 2 Esslöffel

Olivenöl in einer beschichteten Pfanne erhitzen. Die umwickelten Mangospalten darin von allen Seiten bei mittlerer Hitze goldbraun braten. Etwas grob gemahlenen Pfeffer und 1 Esslöffel frische Rosmarinnadeln hinzugeben, in dem Olivenöl anrösten. Die Mangospalten darin schwenken.

KLEINE HÜHNCHEN-SALTIMBOCCA

FÜR 2 PORTIONEN
♥♥

Nährwerte pro Portion Eiweiß: 56 g, Fett: 8 g, Kohlenhydrate: 4 g, Kilojoule: 1341, Kilokalorien: 321, BE: 0,5

2 abgespülte, trocken getupfte Hühnchenbrustfilets ohne Haut (je etwa 175 g) der Länge nach in je 4 dünne Scheiben schneiden. Zuerst 8 Scheiben Coppa (ital. roher Schinken), dann 8 schöne Salbeiblättchen auf die Hühnchenschnitzel legen. Mit je einem Zahnstocher feststecken. Mit Salz, Pfeffer und 1 Teelöffel Fenchelsamen bestreuen.

2 Esslöffel Olivenöl in einer großen Pfanne erhitzen. Hühnchenschnitzel mit der belegten Seite hineinlegen, 3–4 Minuten bei mittlerer Hitze braten. Schnitzel wenden, weitere 1–2 Minuten braten. Zuletzt 1 Esslöffel Bio-Orangen-Zesten hinzugeben. Mit 1 Esslöffel Balsamico-Essig beträufeln, einmal durchschwenken.

ITALIEN
AUF DEM TELLER

PANZANELLA

FÜR 2 PORTIONEN
♥ ♥

ZUBEREITUNGSZEIT
40 Minuten

ZUTATEN
1 Bio-Zitrone
(unbehandelt,
ungewachst)
2–3 Stängel Basilikum
50 g Rucola (Rauke)
1 Knoblauchzehe

5 EL Olivenöl
2 EL Wasser
Meersalz
gem. schwarzer Pfeffer
75 g Ciabatta
100 g grüne Bohnen
Salzwasser

12 Cocktailtomaten
½ rote Paprikaschote
6–8 Kalamata-Oliven
20 g Parmesan

Nährwerte pro Portion Eiweiß: 10 g, Fett: 32 g, Kohlenhydrate: 29 g, Kilojoule: 1894, Kilokalorien: 451, BE: 2,0

1 Zitrone heiß abwaschen und abtrocknen. Die Hälfte der Zitronenschale fein abreiben. Zitrone halbieren und den Saft auspressen. 3 Esslöffel Saft abmessen und beiseitestellen. Basilikum abspülen und trocken tupfen. Die Blättchen von den Stängeln zupfen. Rucola putzen und die harten Stiele entfernen. Rucola abspülen und abtropfen lassen. **2** Je ein Drittel Rucola- und Basilikumblättchen grob hacken. Restlichen Rucola und Basilikumblättchen zugedeckt in den Kühlschrank stellen. Knoblauch abziehen und grob zerkleinern. **3** Den Backofengrill vorheizen. **4** Gehackten Rucola und gehacktes Basilikum mit Knoblauch, 4 Esslöffeln vom Olivenöl, 2 Esslöffeln Wasser und Meersalz im Blitzhacker fein pürieren. Zitronenschale und grob gemahlenen Pfeffer untermischen. **5** Ciabatta in sehr dünne Scheiben schneiden. Die Brotscheiben nebeneinander auf ein Backblech legen. Das Backblech unter den vorgeheizten Backofengrill schieben. Die Brotscheiben von beiden Seiten goldbraun rösten. **6** Von den Bohnen die Enden abschneiden. Bohnen

evtl. abfädeln, abspülen und abtropfen lassen. Die Bohnen in kochendem Salzwasser etwa 8 Minuten garen. Anschließend die Bohnen in ein Sieb geben, mit kaltem Wasser abschrecken und gut abtropfen lassen. **7** Tomaten abspülen, trocken tupfen, halbieren und die Stängelansätze herausschneiden. Tomatenhälften in kleine Stücke schneiden. Paprikaschotenhälfte entstielen, entkernen und die weißen Scheidewände entfernen. Schotenhälfte abspülen, abtropfen lassen und in dünne Streifen schneiden. **8** Restliches Olivenöl in einer weiten Pfanne erhitzen. Die Paprikastreifen darin etwa 1 Minute bei starker Hitze unter Rühren braten. Die Bohnen, Oliven und Tomatenstücke hinzugeben und unter Rühren etwa 1 Minute mitgaren lassen. **9** Beiseitegestellten Zitronensaft unter das Kräuteröl rühren. Kalt gestellte Basilikumblättchen, Rucola, die warme Bohnen-Paprika-Mischung und die gerösteten Brotscheiben locker mit dem Kräuteröl mischen, evtl. nachwürzen. **10** Den Salat in einer Schale anrichten. Parmesan dünn hobeln. Panzanella damit bestreuen.

EXOTISCH

MOZZARELLA-MELONEN-SALAT
mit Fenchel und Basilikum

FÜR 2 PORTIONEN
♥ ♥

ZUBEREITUNGSZEIT
30 Minuten

ZUTATEN

FÜR DIE VINAIGRETTE:
¼ rote Chilischote
3 EL Himbeeressig
2 EL flüssiger Honig
3 EL Wasser
Salz
3 EL Olivenöl

FÜR DEN SALAT:
150 g abgetropfter
Büffel-Mozzarella
4 schöne Radicchioblätter
einige schöne
Friséesalatblätter

350–400 g
Wassermelone
2 Stängel Basilikum
10 g Wasabi-
Erdnusskerne
75 g Fenchelknolle

Nährwerte pro Portion Eiweiß: 18 g, Fett: 33 g, Kohlenhydrate: 25 g, Kilojoule: 1955, Kilokalorien: 468, BE: 2,0

1 Für die Vinaigrette Chiliviertel abspülen, trocken tupfen und sehr klein schneiden. Chili mit Himbeeressig, Honig, 3 Esslöffeln Wasser und Salz verrühren. Olivenöl unterschlagen. **2** Für den Salat Mozzarella in kleine Würfel schneiden. Radicchio- und Friséeblätter abspülen und trocken tupfen. Radicchioblätter etwas kleiner schneiden. Friséeblätter evtl. klein zupfen. Melone halbieren, entkernen, in etwa 2 cm dicke Scheiben schneiden. Die Schale mit einem Messer abschneiden. Melonenscheiben in kleine Dreiecke schneiden.

3 Basilikum abspülen und trocken tupfen. Die Blättchen von den Stängeln zupfen. Erdnusskerne grob hacken. Fenchel putzen, abspülen, abtropfen lassen und der Länge nach in sehr feine Scheiben schneiden oder hobeln. **4** Mozzarellawürfel, Fenchelscheiben, Melonenstücke, Radicchio, Frisée- und Basilikumblättchen in einer Schale anrichten. Den Salat gleichmäßig mit der Vinaigrette beträufeln. Mit den Erdnusskernen bestreuen.

Beilage Ofenfrisches Baguette.

FRUCHTIG –
ERFRISCHEND

Glasnudel-
ROHKOST

FÜR 1 PORTION

♥

ZUBEREITUNGSZEIT
20 Minuten

ZUTATEN
1 EL Sesamsamen
(ungeschält)
10 g frischer Ingwer
Saft von ½ rosa oder
weißen Grapefruit (50 ml)
1 EL dunkles Sesamöl

gem. Meersalz
75 g Mango
(ohne Stein gewogen)
½ rote Paprikaschote
(etwa 100 g)
1 Möhre (etwa 100 g)
50 g Glasnudeln

etwas Koriandergrün
oder Minze oder
Zitronenmelisse

Nährwerte pro Portion Eiweiß: 6 g, Fett: 19 g, Kohlenhydrate: 66 g, Kilojoule: 1947, Kilokalorien: 463, BE: 5,0

---

1 Sesam in einer Pfanne ohne Fett unter Rühren rösten, herausnehmen und auf einem Teller erkalten lassen. Ingwer schälen und in sehr kleine Würfel schneiden. **2** Grapefruitsaft mit Ingwerwürfeln in einer Schüssel verrühren. Sesamöl unterschlagen. Mit Meersalz würzen. **3** Mango halbieren und den Stein herausnehmen. Mangohälften schälen und in feine Streifen schneiden. Paprikaschotenhälfte entstielen, entkernen und die weißen Scheidewände entfernen. Schotenhälfte abspülen, abtropfen lassen und in feine Streifen schneiden. Möhre putzen, schälen, abspülen, abtropfen lassen und in feine Streifen hobeln oder raspeln. Mango-, Paprika- und

Möhrenstreifen oder -raspel zu der Vinaigrette in die Schüssel geben und untermischen. **4** Glasnudeln in einer Schüssel mit reichlich kochendem Wasser übergießen und in 4–5 Minuten weich werden lassen. Glasnudeln in ein Sieb geben, mit kaltem Wasser abspülen, abtropfen lassen und mit der Küchenschere kürzer schneiden. **5** Die Glasnudeln unter den Salat mischen. Koriandergrün oder Minze oder Melisse abspülen und trocken tupfen. Die Blättchen von den Stängeln zupfen. Blättchen in Streifen schneiden. Die Glasnudel-Rohkost mit dem gerösteten Sesam und den Kräuterstreifen bestreuen.

EINFACH
vegetarisch

BULGUR-KÜCHLEIN
mit Green Bull

**FÜR 4 PORTIONEN
(16 STÜCK)**
♥♥♥♥

ZUBEREITUNGSZEIT
45 Minuten

ZUTATEN
**FÜR DIE
BULGUR-KÜCHLEIN:**
75 g Bulgur
200 ml Wasser
2 Frühlingszwiebeln
2 Stängel Minze
½ Bund glatte Petersilie
100 g abgetropfter
Fetakäse

25 g Rosinen
1 TL gem. Kreuzkümmel
Salz
2 Eier (Größe M)
75 g Weizenmehl
125 g Buttermilch
4 EL Speiseöl

FÜR DEN GREEN BULL:
1 Salatgurke
4 Kiwis
8 Minzeblättchen
2 EL Limettensaft
1 EL Weizenkeimöl
4 EL flüssiger Honig
400 ml Mineralwasser
ohne Kohlensäure
Eiswürfel nach Belieben

Nährwerte pro Portion Eiweiß: 14 g, Fett: 21 g, Kohlenhydrate: 55 g, Kilojoule: 2004, Kilokalorien: 478, BE: 4,5

1 Für die Küchlein Bulgur in ein Sieb geben, mit kaltem Wasser abspülen und abtropfen lassen. Bulgur in einen Topf geben, Wasser hinzugießen und zum Kochen bringen. Die Kochstelle ausschalten. Bulgur zugedeckt etwa 7 Minuten ziehen lassen. **2** Frühlingszwiebeln putzen, abspülen, abtropfen lassen und in sehr feine Scheiben schneiden. Minze und Petersilie abspülen und trocken tupfen. Die Blättchen jeweils von den Stängeln zupfen. Blättchen klein schneiden. Fetakäse fein zerbröseln. **3** Bulgur mit Frühlingszwiebelscheiben, Minze, Petersilie, Käsebröseln und Rosinen vermischen. Mit Kreuzkümmel und Salz würzen. Eier, Mehl und Buttermilch in einer Rührschüssel verschlagen. Die Bulgur-Käse-Mischung hinzugeben und gut

unterrühren. **4** Die Küchlein in 2 Portionen braten. Dafür jeweils die Hälfte des Speiseöls in einer großen Pfanne erhitzen. Je einen gehäuften Esslöffel des Teiges in die Pfanne geben. Die Küchlein von beiden Seiten bei mittlerer Hitze goldbraun braten. **5** Für den Green Bull die Gurke abspülen, abtrocknen und die Enden abschneiden. Gurke mit Schale und Kernen in grobe Würfel schneiden. Kiwis schälen und grob würfeln. Minzeblättchen abspülen und trocken tupfen. Gurken-, Kiwiwürfel und Minzeblättchen in einen Rührbecher geben. Limettensaft, Weizenkeimöl, Honig und Mineralwasser hinzugeben. **6** Die Zutaten fein pürieren und in 4 Gläsern verteilen. Green Bull nach Belieben mit Eiswürfeln servieren. Die Bulgur-Küchlein dazureichen.

WÜRZIG
GEROLLT

Pikante
BLÄTTERTEIG-SCHNECKEN

FÜR 12 STÜCK	ZUTATEN	270 g Blätterteig	1 TL Paprikapulver
	1 Eigelb (Größe M)	(1 Rolle, etwa 40 x 24 cm,	edelsüß
ZUBEREITUNGSZEIT	1 EL Milch	aus dem Frischeregal)	1 TL Schwarzkümmel
25 Minuten	20 frische Minzeblättchen	60 g Mango-Chutney	1 TL Sesamsamen
BACKZEIT	125 g Zucchini	(ohne große Stücke)	
etwa 15 Minuten	100 g Fetakäse		

Nährwerte pro Stück Eiweiß: 3 g, Fett: 8 g, Kohlenhydrate: 10 g, Kilojoule: 515, Kilokalorien: 123, BE: 1,0

1 Eigelb mit Milch verschlagen. Minzeblättchen abspülen, trocken tupfen und klein schneiden. Zucchini abspülen, trocken tupfen und die Enden abschneiden. Zucchini auf der Haushaltsreibe grob raspeln und mit den Händen sehr trocken ausdrücken. Den Fetakäse klein zerbröseln, mit Zucchini und Minze mischen. **2** Ober-/Unterhitze: etwa 200 °C, Heißluft: etwa 180 °C. **3** Blätterteig entrollen. Den Teig so mit Mango-Chutney bestreichen, dass an der unteren Längsseite ein etwa 2 cm breiter Rand frei bleibt. Die Zucchinimischung gleichmäßig dünn auf dem Mango-Chutney verteilen. Den Teigrand mit etwas von dem verschlagenen Ei bestreichen.

Den bestrichenen Teig dann von der oberen Längsseite aus nach unten aufrollen und auf die Teignaht legen. Die Enden gerade schneiden. Aus der Rolle insgesamt 12 Stücke schneiden. **4** Die Teigstücke mit der Schnittfläche auf ein Backblech (mit Backpapier belegt) legen und mit der Hand leicht flach drücken. Dann mit dem restlichen verschlagenen Ei bestreichen und mit Paprika, Schwarzkümmel und Sesam bestreuen. **5** Das Backblech in den vorgeheizten Backofen schieben. Die Blätterteigschnecken in etwa 15 Minuten goldbraun backen. **6** Das Backblech auf einen Kuchenrost stellen. Die Blätterteigschnecken auf dem Backblech erkalten lassen.

Kleine Schweinereien

ERBSEN-HUMMUS MIT GEMÜSECHIPS

FÜR 4 PORTIONEN ♥♥♥♡	**ZUTATEN** 250 g TK-Erbsen Salzwasser 250 g abgetropfte Kicher- erbsen (aus der Dose)	2 Stängel Minze 25 g Tahini (Sesammus) 50 g griechischer Sahnejoghurt (10 % Fett) 1 TL Kreuzkümmel	Salz 1 EL Limettensaft 100 g Gemüse-Chips (aus der Tüte)
ZUBEREITUNGSZEIT 20 Minuten			

Nährwerte pro Portion Eiweiß: 12 g, Fett: 16 g, Kohlenhydrate: 32 g, Kilojoule: 1343, Kilokalorien: 321, BE: 2,5

1 Erbsen unaufgetaut in kochendem Salzwasser etwa 5 Minuten garen. Erbsen mit eiskaltem Wasser abschrecken, gut abtropfen lassen. **2** Kichererbsen in ein Sieb geben, mit kaltem Wasser abspülen, abtropfen lassen. Minze abspülen und trocken tupfen. Die Blättchen von den Stängeln zupfen.

3 Erbsen, Kichererbsen, Tahini, Joghurt, die Hälfte der Minzeblättchen, Kreuzkümmel, Salz und Limettensaft zu einer feinen Paste pürieren. Erbsen-Hummus in Schälchen anrichten, mit den restlichen Minzeblättchen garnieren. **4** Erbsen-Hummus mit den Gemüsechips zum Dippen servieren.

STUDENTENFUTTER

FÜR 4 PORTIONEN ♥♥♥♡	**ZUTATEN** 100 g abgezogene Mandeln 100 g Cashewkerne 25 g Pistazienkerne 2 EL flüssiger Honig	1 EL Olivenöl 1 EL Sesamsamen 1 TL Garam Masala 1 TL Paprikapulver edelsüß Salz	50 g getrocknete Datteln 50 g getrocknete Aprikosen 50 g getrocknete Softfeigen
ZUBEREITUNGSZEIT 20 Minuten, ohne Abkühlzeit **RÖSTZEIT** 7–8 Minuten			

Nährwerte pro Portion Eiweiß: 13 g, Fett: 32 g, Kohlenhydrate: 40 g, Kilojoule: 2097, Kilokalorien: 501, BE: 3,5

1 Den Backofen vorheizen. Ober-/Unterhitze: etwa 200 °C, Heißluft: etwa 180 °C. **2** Mandeln, Cashew- und Pistazienkerne in eine Schüssel geben. Mit Honig, Olivenöl, Sesam, Garam Masala und Paprika vermischen. **3** Die Nussmischung auf einem Backblech (mit Backpapier belegt) verteilen. Das Backblech in den vorgeheizten Backofen

schieben. Die Nussmischung 7–8 Minuten unter häufigem Wenden rösten. **4** Die Nussmischung vom Backblech nehmen und noch heiß mit Salz bestreuen. Nussmischung abkühlen lassen. **5** Datteln, Aprikosen und Feigen in kleine Stücke schneiden, zu der Nussmischung geben und untermengen.

KNUSPER-STICKS

FÜR 8 STÜCK
♥♥♥♥♥♥♥♥

ZUBEREITUNGSZEIT
20 Minuten,
ohne Auftauzeit
BACKZEIT
12–15 Minuten

ZUTATEN
8 Blätter TK-Frühlings-
rollen-Teig (je 20 x 20 cm)

1 Eiweiß
8 TL Mango-Chutney
50 g Fetakäse

Nährwerte pro Portion Eiweiß: 3 g, Fett: 1 g, Kohlenhydrate: 10 g, Kilojoule: 275, Kilokalorien: 65, BE: 1,0

1 Den Backofen vorheizen. Ober-/Unterhitze: etwa 160 °C, Heißluft: etwa 140 °C. **2** Teigblätter nach Packungsanleitung auftauen lassen. Eiweiß verschlagen. **3** Ein Teigblatt dünn mit Eiweiß bestreichen. 1 Esslöffel Chutney als Streifen im unteren Drittel des Teigblattes verteilen, dabei an den Seiten jeweils einen etwa 2 cm breiten Rand frei lassen. Fetakäse zerbröseln und ⅛ davon auf das Chutney streuen. **4** Die Teigränder darüberklappen, mit Eiweiß bestreichen und zu Sticks aufrollen. **5** Aus den restlichen Teigblättern wie beschrieben insgesamt 8 Sticks zubereiten. Die Sticks auf ein Backblech (mit Backpapier belegt) legen und in den vorgeheizten Backofen schieben. Die Sticks 12–15 Minuten backen. **6** Die Knusper-Sticks mit dem Backpapier vom Backblech auf einen Kuchenrost ziehen. Knusper-Sticks lauwarm genießen oder erkalten lassen.

HÄHNCHEN-QUESADILLAS

FÜR 4 PORTIONEN
♥♥♥♥

ZUBEREITUNGSZEIT
25 Minuten
BRATZEIT
6–8 Minuten

ZUTATEN
¼ gegrilltes Hähnchen
(fertig gekauft)
50 g Frühlingszwiebeln
¼ grüne Paprikaschote

150 g Cheddar-Käse,
im Stück
3–4 Stängel Koriander
oder Basilikum
2 EL Joghurt (3,5 % Fett)

Salz
2 Weizen-Tortillafladen
(Ø 20 cm)

Nährwerte pro Portion Eiweiß: 21 g, Fett: 15 g, Kohlenhydrate: 13 g, Kilojoule: 1155, Kilokalorien: 276, BE: 1,0

1 Hähnchen enthäuten. Fleisch in kleine Stücke schneiden. Frühlingszwiebeln putzen, abspülen, abtropfen lassen und in sehr feine Scheiben schneiden. **2** Paprikaviertel entkernen, weiße Scheidewände entfernen. Schotenviertel abspülen, abtropfen lassen und fein würfeln. Käse grob reiben. Kräuter abspülen und trocken tupfen. Die Blättchen von den Stängeln zupfen. Blättchen grob zerschneiden. **3** Vorbereitete Zutaten mit Joghurt mischen. Mit Salz würzen. Die Masse auf einem Tortillafladen verteilen. Den zweiten Tortillafladen darauflegen und fest andrücken. **4** Tortilla in eine Grillpfanne legen und von jeder Seite 3–4 Minuten bei schwacher Hitze braten. Tortilla aus der Grillpfanne nehmen, etwas abkühlen lassen und mit einem scharfen Messer in Ecken schneiden.

PIKANTER RICOTTA
mit Pimientos de Padron

FÜR 4 PORTIONEN
♥ ♥ ♥ ♥

ZUBEREITUNGSZEIT
25 Minuten
GARZEIT:
etwa 10 Minuten

ZUTATEN
50 g Pistazienkerne,
geröstet und gesalzen
75 g Parmesan, im Stück
15 Basilikumblättchen

1 TL fein abgeriebene
Schale von 1 Bio-Orange
(unbehandelt,
ungewachst)
300 g Ricotta
(ital. Frischkäse)
Salz

gem. schwarzer Pfeffer
300 g Pimientos de
Padron (Bratpeperoni)
3 EL Olivenöl
8 Salbeiblättchen
grobes Meersalz
evtl. etwas Olivenöl

Nährwerte pro Portion Eiweiß: 15 g, Fett: 30 g, Kohlenhydrate: 7 g, Kilojoule: 1494, Kilokalorien: 357, BE: 0,5

1 Pistazienkerne grob hacken. Parmesan fein reiben. Basilikumblättchen abspülen, trocken tupfen und nicht zu fein schneiden. Pistazienkerne, Parmesan, Orangenschale und Basilikum zusammen mit Ricotta glatt rühren. Mit Salz und grob gemahlenem Pfeffer würzen. **2** Die Pimientos abspülen und gut abtropfen lassen. Olivenöl in einer großen Pfanne erhitzen. Die Pimientos darin etwa 10 Minuten bei mittlerer Hitze von allen Seiten braten, bis sie zusammengefallen und leicht olivfarben geworden sind. Die Salbeiblättchen abspülen, trocken tupfen und etwa 3 Minuten vor Garzeitende hinzugeben. Pimientos mit grobem Meersalz würzen. **3** Ricotta mit den Pimientos anrichten und nach Belieben mit gutem Olivenöl beträufeln.

Beilage Dazu passt geröstetes Ciabatta.

RAFFINIERT
mit Alkohol

Oliven-
SHORTBREADS

FÜR ETWA 24 STÜCK

ZUBEREITUNGSZEIT
40 Minuten,
ohne Kühlzeit
BACKZEIT
etwa 10 Minuten
je Backblech

ZUTATEN
75 g schwarze Oliven
mit Stein
2 EL frische
Rosmarinnadeln
125 g Butter
(zimmerwarm)

1 gestr. TL Salz
1 Eigelb (Größe M)
1 Ei (Größe S)
175 g Weizenmehl
50 g Parmesan, im Stück

Nährwerte pro Stück (Shortbread) Eiweiß: 2 g, Fett: 7 g, Kohlenhydrate: 6 g, Kilojoule: 382, Kilokalorien: 91, BE: 0,5

1 Das Olivenfleisch vom Stein schneiden und fein würfeln. Rosmarinnadeln fein hacken. Butter, Rosmarin und Salz in eine Rührschüssel geben und mit einem Mixer (Rührstäbe) weiß-schaumig schlagen. Eigelb und Ei nach und nach mit 3–4 Esslöffeln des Mehls unterrühren. **2** Parmesan fein reiben, mit dem restlichen Mehl mischen, zu der Butter-Eischaum-Masse geben und mit dem Mixer (Knethaken) kurz unterarbeiten. Olivenwürfel hinzufügen. **3** Den Teig mit den Händen nochmals kurz durchkneten und zu einem flachen Stück formen. Das Teigstück in Frischhaltefolie gewickelt etwa 3 Stunden in den Kühlschrank stellen. **4** Den Backofen vorheizen. **Ober-/Unterhitze:** etwa 220 °C, **Heißluft:** etwa 200 °C. **5** Den Teig aus der Frischhaltefolie wickeln und auf einer bemehlten Arbeitsfläche zu einem etwa ½ cm dicken Quadrat ausrollen. Den Teig mit einem gewellten Teigrädchen in etwa 24 gleich große Stücke (je etwa 2½ x 10 cm) schneiden. **6** Die Teigstreifen auf 2 Backbleche (mit Backpapier belegt) legen. Die Backbleche nacheinander (bei Heißluft zusammen) in den vorgeheizten Backofen schieben. Shortbreads etwa 10 Minuten je Backblech goldbraun backen. **7** Shortbreads von den Backblechen lösen und auf einem Kuchenrost erkalten lassen. Oliven-Shortbread mit Bloody Mary servieren.

Für die Bloody Mary (4 Portionen)
600 ml guten Tomatensaft mit 4 Esslöffeln Limettensaft, einigen Spritzern Tabasco und 100 ml Grapefruit-Wodka in einem Rührbecher gut verrühren. Mit Selleriesalz würzen. 12 Eiswürfel in 4 Longdrinkgläsern verteilen. Die Bloody Mary darübergießen. 4 kleine Selleriestangen mit Grün abspülen, trocken tupfen und evtl. die unteren Enden abschneiden. Bloody Mary mit den Selleriestangen garnieren.

Nährwerte pro Portion Eiweiß: 1 g, Fett: 0 g, Kohlenhydrate: 5 g, Kilojoule: 369, Kilokalorien: 88, BE: 0,5

♥ WÜRZIGES CROSSOVER

CURRY-BULETTEN
mit Avocado-Joghurt

FÜR 4 PORTIONEN
♥ ♥ ♥ ♥

ZUBEREITUNGSZEIT
30 Minuten
GARZEIT
5–6 Minuten

ZUTATEN
3 EL (40 g) geröstete, gesalzene Erdnusskerne
10–12 Minzeblättchen
50 g Schalotten

600 g Hackfleisch (halb Rind-/halb Schweinefleisch)
2 TL mildes Currypulver
1–2 EL Sambal Oelek
Salz
2 EL Speiseöl

250 g Joghurt (1,5 % Fett)
1 EL Zitronensaft
1 reife Avocado
2 Sesamkringel (erhältlich im türkischen Lebensmittelladen)

Nährwerte pro Portion Eiweiß: 37 g, Fett: 48 g, Kohlenhydrate: 22 g, Kilojoule: 2793, Kilokalorien: 667, BE: 2,0

1 Erdnusskerne klein hacken. Minzeblättchen abspülen und trocken tupfen. 5 Minzeblättchen klein schneiden. Restliche Blättchen beiseitelegen. Schalotten abziehen und in kleine Würfel schneiden. **2** Hack in eine Schüssel geben. Erdnusskerne, klein geschnittene Minze, Schalottenwürfel, Curry, Sambal Oelek und Salz hinzufügen. Die Zutaten mit dem Hackfleisch gut vermischen. Die Hackfleischmasse in einen Einwegspritzbeutel oder großen Gefrierbeutel füllen und eine etwa 4 cm große Ecke abschneiden. **3** Die Hackfleischmasse

direkt auf ein Schneidbrett zu langen Rollen spritzen und mit einem Messer in etwa 8 cm lange Röllchen schneiden. Speiseöl in einer Pfanne erhitzen. Die Hackfleischröllchen von allen Seiten in 5–6 Minuten bei mittlerer Hitze goldbraun braten, herausnehmen und auf Küchenpapier abtropfen lassen. **4** Beiseitegelegte Minzeblättchen klein schneiden. Joghurt mit Zitronensaft und Salz glatt rühren, Minze unterrühren. **5** Avocado halbieren und den Stein herausnehmen. Das Fruchtfleisch mit einem Esslöffel aus der Schale lösen. Avocado in kleine Stücke schneiden und sofort unter den Joghurt heben. **6** Currybuletten mit dem Avocado-Joghurt und den Sesamkringeln servieren.

Tipps Currybuletten mobil verpacken und mit den Sesamkringeln mitnehmen. Dazu passt ein Fläschchen mit frisch gepresstem Orangensaft.

Zum
SATTESSEN

Fleisch, Fisch oder
vegetarisch? Geschmort,
gekocht oder gebacken?
Mediterran, asiatisch
oder rustikal?
Eine wirklich schwere
Entscheidung. Aber hier ist
eine fantastische
Auswahl!

THAIRÖLLCHEN
mit Erdnusssauce

FÜR 4 PORTIONEN
♥♥♥♥

ZUBEREITUNGSZEIT
60 Minuten,
ohne Abkühlzeit

ZUTATEN
12 küchenfertige Garnelen
(je etwa 20 g)
1 EL Olivenöl
1 EL Fischsauce
oder Sojasauce
1 TL Sesamöl

**FÜR DIE
ERDNUSSSAUCE:**
80 g Erdnussbutter
100 ml ungesüßte
Kokosmilch
1 TL rote Currypaste
1 EL Sojasauce
2 EL Limettensaft
Salz

300 g frische Ananas
½ rote Paprikaschote
100 g Bio-Salatgurke
100 g Mungobohnen-
sprossen
½ Bund Koriander
8 Blätter Reispapier
(Ø je 15 ½ cm)
etwas Sojasauce

Nährwerte pro Portion Eiweiß: 21 g, Fett: 19 g, Kohlenhydrate: 22 g, Kilojoule: 1449, Kilokalorien: 347, BE: 1,5

1 Die Garnelen unter fließendem kalten Wasser abspülen, trocken tupfen und in etwa 1 cm große Stücke schneiden. Olivenöl in einer Pfanne erhitzen. Garnelenstücke hinzugeben und rundherum etwa 1 Minute bei starker Hitze anbraten. Fischsauce oder Sojasauce und Sesamöl hinzugeben. Die Garnelenmasse aus der Pfanne nehmen und erkalten lassen. **2** Für die Sauce Erdnussbutter mit Kokosmilch, Currypaste, Sojasauce und Limettensaft verrühren, mit Salz würzen. **3** Von der Ananas Blatt- und Strunkende entfernen. Ananas schälen, vierteln und den mittleren Strunk entfernen. Ananas (300 g) in Streifen schneiden. Paprikaschotenhälfte entstielen, entkernen und die weißen Scheidewände entfernen. Schotenhälfte abspülen, abtropfen lassen und in feine Streifen schneiden. Gurke abspülen, trocken tupfen und mit der Schale in feine Streifen schneiden. **4** Sprossen in ein Sieb

geben, mit kaltem Wasser abspülen und abtropfen lassen. Koriander abspülen und trocken tupfen. Die Blättchen von den Stängeln zupfen. Blättchen (einige Blättchen zum Garnieren beiseitelegen) grob zerschneiden. **5** Die Soja-Garnelen mit Ananas-, Paprika-, Gurkenstreifen, Sprossen und Koriander vermischen. **6** Reispapier einzeln etwa 45 Sekunden in lauwarmes Wasser tauchen, bis die Blätter weich sind. Je ein Reisblatt auf ein Geschirrtuch legen. Jeweils ein Achtel der Garnelen-Gemüse-Mischung in die Mitte des Reisblattes geben und mithilfe des Geschirrtuches stramm aufrollen. Insgesamt 8 Rollen zubereiten. **7** Die Thairöllchen mit einem scharfen Messer quer halbieren und auf einer Platte anrichten. Mit den beiseitegelegten Korianderblättchen garnieren. Erdnusssauce und Sojasauce in kleinen Schälchen zum Dippen dazureichen.

Mediterrane
MOZZARELLA-
PFANNKUCHEN

FÜR 4 PORTIONEN
♥♥♥♥

ZUBEREITUNGSZEIT
40 Minuten

BACKZEIT
etwa 10 Minuten

ZUTATEN
75 g Weizenmehl
1 Ei (Größe M)
125 ml Milch (3,5 % Fett)
6 EL Olivenöl
Salz
20 g getrocknete
Tomaten ohne Öl
13 abgetropfte, schwarze
Oliven mit Stein

2 EL Weißweinessig
gem. schwarzer Pfeffer
100 g Rucola (Rauke)
2–3 EL Speiseöl
zum Braten
200 g Cocktailtomaten
75 g abgetropfter
Mozzarella
4 EL Pesto (aus dem Glas)

4 Scheiben
Parmaschinken
1 TL Fenchelsamen
20 g Parmesan (im Stück)
12 schöne, kleine
Salbeiblättchen

Nährwerte pro Portion Eiweiß: 15 g, Fett: 41 g, Kohlenhydrate: 20 g, Kilojoule: 2119, Kilokalorien: 507, BE: 1,5

1 Mehl mit Ei, Milch, 2 Esslöffeln Olivenöl und Salz glatt rühren. Den Teig etwa 20 Minuten quellen lassen. **2** Getrocknete Tomaten sehr fein würfeln, mit den Oliven, Essig, 3 Esslöffeln Wasser, 4 Esslöffeln Olivenöl, Salz und grob gemahlenem Pfeffer verrühren. Rucola verlesen und die dicken Stiele entfernen. Rucola abspülen und trocken schleudern. **3** Aus dem Teig insgesamt 4 Pfannkuchen backen. Dafür jeweils etwas Speiseöl in einer beschichteten Pfanne (Ø etwa 18 cm) erhitzen. Die Pfannkuchen darin von beiden Seiten goldbraun backen. **4** Den Backofen vorheizen. **Ober-/Unter-hitze:** etwa 220 °C, **Heißluft:** etwa 200 °C. **5** Tomaten abspülen, trocken tupfen und die Stängelansätze herausschneiden. Tomaten

vierteln. Mozzarella in dünne Scheiben schneiden. **6** Die Pfannkuchen mit je 1 Esslöffel Pesto bestreichen und auf eine Hälfte der Pfannkuchen je eine Scheibe Schinken legen. Darauf je ¼ der Tomaten und der Mozzarellascheiben legen, beides leicht salzen und mit Fenchel bestreuen. Die Pfannkuchen jeweils zu einem Dreieck falten und auf ein Backblech (mit Backpapier belegt) legen. **7** Parmesan fein reiben. Die Pfannkuchen mit Parmesan bestreuen und mit abgespülten, trocken getupften Salbeiblättchen belegen. Das Backblech in den vorgeheizten Backofen schieben. Die Mozzarella-Pfannkuchen etwa 10 Minuten goldbraun backen. **8** Rucola mit der Vinaigrette anmachen. Die Pfannkuchen mit dem Salat anrichten und sofort servieren.

Geschmortes
OFENGEMÜSE
mit Walnusspesto

FÜR 4 PORTIONEN
♥♥♥♥

ZUBEREITUNGSZEIT
30 Minuten
GARZEIT
etwa 60 Minuten

ZUTATEN
Für das Ofengemüse:
500 g kleine Kartoffeln
(je etwa 50 g)
250 g dicke Bundmöhren
275 g dicke Pastinaken
Salz
10 Wacholderbeeren

1 TL Koriandersamen
5 EL Olivenöl
300 ml Gemüsebrühe
(evtl. gekörnte Bio-Brühe)
300 g Hokkaido-Kürbis
1 TL Zucker
Cayennepfeffer
4 Stängel Thymian

FÜR DAS PESTO:
25 g Walnusskerne
½ Bund glatte Petersilie
2 EL Walnussöl
1 TL mittelscharfer Senf
gem. schwarzer Pfeffer
25 g Bergkäse, am Stück

Nährwerte pro Portion Eiweiß: 7 g, Fett: 24 g, Kohlenhydrate: 27 g, Kilojoule: 1503, Kilokalorien: 359, BE: 2,0

1 Den Backofen vorheizen. Ober-/Unterhitze: etwa 200 °C, Heißluft: etwa 180 °C. **2** Für das Ofengemüse Kartoffeln unter fließendem kalten Wasser gründlich abbürsten, trocken tupfen und mit der Schale halbieren. Möhren und Pastinaken putzen, schälen, abspülen, abtropfen lassen und der Länge nach halbieren. Kartoffel-, Möhren- und Pastinakenhälften auf ein Backblech geben. Mit Salz, Wacholderbeeren, Koriander, 2 Esslöffeln Olivenöl und 150 ml von der Brühe mischen und gleichmäßig auf dem Backblech verteilen. Das Backblech in den vorgeheizten Backofen schieben. Die Kartoffeln mit dem Gemüse etwa 60 Minuten garen. Dabei nach und nach die restliche Brühe hinzugießen. **3** In der Zwischenzeit den Kürbis halbieren. Die Kerne mit einem Löffel

herausschaben. Kürbishälften in etwa 3 cm breite Spalten schneiden. Kürbisspalten schälen, mit Salz, Zucker und Cayennepfeffer einreiben. Thymian abspülen und trocken tupfen. Kürbisspalten und Thymianstängel nach etwa 20 Minuten Garzeit zu den Kartoffeln und dem Gemüse auf das Backblech geben. **4** Für das Pesto Walnusskerne grob hacken. Petersilie abspülen und trocken tupfen. Die Blättchen von den Stängeln zupfen. Blättchen grob zerkleinern. Walnusskerne und Petersilie mit dem Walnussöl, restlichem Olivenöl, Senf, Salz und Pfeffer im Blitzhacker zu einem Pesto pürieren. Bergkäse entrinden, fein reiben und unter das Pesto rühren. **5** Das Ofengemüse mit dem Pesto beträufeln und sofort servieren.

KLASSISCH
raffiniert

LINGUINI
mit Tomatensugo

FÜR 2 PORTIONEN
♥ ♥

ZUBEREITUNGSZEIT
40 Minuten
GARZEIT
TOMATENSUGO
50–60 Minuten

ZUTATEN
FÜR DIE SAUCE
(TOMATENSUGO):
500 g Tomaten
1 Zwiebel (etwa 75 g)
2 große Knoblauchzehen
2 Stängel Minze
½–1 rote Chilischote
3 EL Olivenöl

125 ml Tomatensaft
125 ml Geflügelbrühe
Salz
2 EL Zucker
75 g schwarze Oliven
mit Stein
20 g Rosinen
40 g Pistazienkerne
(geröstet und gesalzen)

2 l Wasser
2 gestr. TL Salz
175 g Linguine
1 kleine Bio-Orange
(unbehandelt,
ungewachst)
50 g Picandou (junger
Ziegen-Weichkäse)

Nährwerte pro Portion Eiweiß: 19 g, Fett: 42 g, Kohlenhydrate: 98 g, Kilojoule: 3561, Kilokalorien: 851, BE: 7,5

1 Für die Sauce Tomaten kreuzweise einschneiden und mit kochendem Wasser übergießen. Nach 1–2 Minuten herausnehmen und mit kaltem Wasser abschrecken. Tomaten häuten, halbieren und die Stängelansätze herausschneiden. Tomaten in etwa 1 ½ cm große Würfel schneiden. **2** Zwiebel und Knoblauch abziehen, jeweils in kleine Würfel schneiden. Minzestängel und Chilischote abspülen und trocken tupfen. **3** Olivenöl in einem Topf erhitzen. Zwiebel-, Knoblauchwürfel, einen Minzestängel und die Chilischote darin unter Rühren kräftig andünsten. Tomatenwürfel unterrühren. Tomatensaft und Brühe hinzugießen, mit Salz und Zucker würzen. **4** Die Zutaten zum Kochen bringen. Die Sauce 50–60 Minuten bei mittlerer Hitze ohne Deckel einkochen lassen. **5** Oliven vom Stein schneiden und grob hacken.

Oliven und Rosinen etwa 15 Minuten vor Ende der Garzeit in die Sauce geben. **6** Pistazienkerne aus der Schale lösen und grob hacken. Von dem restlichen Minzestängel die Blättchen abzupfen. Blättchen klein schneiden. **7** Wasser in einem großen Topf zugedeckt zum Kochen bringen. Dann Salz und Nudeln hinzugeben. Die Nudeln im geöffneten Topf bei mittlerer Hitze nach Packungsanleitung bissfest kochen, dabei gelegentlich umrühren. **8** Anschließend die Nudeln in ein Sieb geben, mit heißem Wasser abspülen und gut abtropfen lassen. **9** Orange heiß abwaschen und abtrocknen. Die Nudeln mit der Sauce und der gehackten Minze mischen, kurz erhitzen und in einer Schüssel anrichten. Den Käse zerbröseln und daraufstreuen. Einen Hauch Orangenschale fein darüberreiben. Mit den Pistazienkernen bestreuen.

SPICY CHICKEN
auf Rice Noodles

FÜR 1 PORTION

♥

ZUBEREITUNGSZEIT
40 Minuten

GARZEIT
22–23 Minuten

ZUTATEN
1 Hühnchenbrust ohne
Haut und Knochen
(etwa 175 g)
1 Knoblauchzehe
10 g frischer Ingwer
½ Bio-Limette
(unbehandelt,
ungewachst)

¼–½ frische, rote
Chilischote
1 EL Limettensaft
2 EL flüssiger Honig
2 EL Olivenöl
50 g Rice Noodles
(Nudeln, 5 mm breit)
etwa 500 ml
kochendes Wasser

½ rote Paprikaschote
(etwa 100 g)
100 g Ananas
½ rote Zwiebel
10 g Erdnusskerne,
geröstet und gesalzen
Salz
1 Stängel Basilikum
oder Koriandergrün

Nährwerte pro Portion Eiweiß: 50 g, Fett: 27 g, Kohlenhydrate: 91 g, Kilojoule: 3377, Kilokalorien: 807, BE: 7,0

1 Hühnchenbrust unter fließendem kalten Wasser abspülen, trocken tupfen und quer in dünne Scheiben schneiden. Knoblauch abziehen. Ingwer schälen. Knoblauch und Ingwer in sehr kleine Würfel schneiden. **2** Limette heiß abwaschen, abtrocknen, halbieren und von einer Hälfte die Schale fein abreiben. Von der Limette den Saft auspressen und einen Esslöffel Saft abmessen. Chili abspülen, trocken tupfen und entstielen. Chili fein hacken. **3** Hühnchenfleischscheiben mit Knoblauch-, Ingwerwürfeln, Limettenschale, -saft, Chili, Honig und 1 Esslöffel vom Olivenöl in einer Schale vermischen und bis zum Anbraten durchziehen lassen. **4** Die Nudeln in eine sehr große Schüssel geben, mit kochendem Wasser übergießen und kurz umrühren. Die Schüssel mit einem Deckel verschließen und die Nudeln etwa 20 Minuten gar ziehen lassen. Anschließend die Nudeln in ein Sieb geben und gut abtropfen lassen. **5** Paprikaschotenhälfte entstielen, entkernen und die weißen Scheidewände entfernen. Schotenhälfte abspülen, abtropfen lassen und in sehr feine

Streifen schneiden. **6** Von der Ananas Blatt- und Strunkende entfernen. Ananas schälen, vierteln und den mittleren holzigen Strunk herausschneiden. Ananas (100 g) in schmale Stücke schneiden. Zwiebel abziehen und halbieren. Eine Zwiebelhälfte in feine Spalten schneiden. Die Erdnusskerne grob zerkleinern. **7** Restliches Olivenöl in einem Wok oder einer großen, beschichteten Pfanne erhitzen. Paprikastreifen, Ananasstücke und Zwiebelspalten unter Wenden bei sehr starker Hitze kurz knackig (knusprig) garen. Die Nudeln hinzugeben und untermischen. Mit Salz würzen. **8** Eine beschichtete Pfanne erhitzen. Das durchgezogene Hühnchenfleisch darin 2–3 Minuten unter Wenden garen, bis es leicht anfängt zu karamellisieren. **9** Basilikum oder Koriander abspülen und trocken tupfen. Die Blättchen von den Stängeln zupfen, Blättchen in Streifen schneiden. Das Hühnchenfleisch aus der Pfanne nehmen und mit den Nudeln auf einem Teller anrichten. Mit den Kräuterstreifen bestreuen. Erdnusskerne dazureichen.

EXOTISCH

SCHARFE SPAGHETTI
mit Garnelen

FÜR 2 PORTIONEN

♥ ♥

ZUBEREITUNGSZEIT

40 Minuten

ZUTATEN

10 Garnelen ohne Kopf,
mit Schale (je etwa 20 g)
1 Bio-Orange
(unbehandelt,
ungewachst)
1 EL Sambal Oelek

½ TL Currypulver
1 Bio-Limette
(unbehandelt,
ungewachst)
2 l Wasser
2 gestr. TL Salz
200 g Spaghetti

200 ml Kokosmilch
20 g frischer Ingwer
Salz
2 EL Olivenöl
2 Stängel Basilikum

Nährwerte pro Portion Eiweiß: 32 g, Fett: 30 g, Kohlenhydrate: 86 g, Kilojoule: 3145, Kilokalorien: 755, BE: 7,0

1 Garnelenschale bis auf das letzte Segment ablösen. Den Darm jeweils entfernen. Garnelen kurz unter fließendem kalten Wasser abspülen und trocken tupfen. **2** Orange heiß abwaschen, abtrocknen und die Schale dünn abschälen. Orangenschale in feine Streifen schneiden. Orange halbieren und den Saft auspressen. Orangenschale mit -saft, Sambal Oelek und Curry mischen. **3** Limette heiß abwaschen, abtrocknen und die Schale fein abreiben. Limette halbieren, den Saft auspressen und 3 Esslöffel abmessen. **4** Wasser in einem großen Topf zugedeckt zum Kochen bringen. Dann Salz und Spaghetti hinzugeben. Die Spaghetti im geöffneten Topf bei mittlerer Hitze nach Packungsanleitung bissfest kochen, dabei gelegentlich umrühren. **5** Anschließend die Spaghetti in ein Sieb geben, mit heißem Wasser abspülen und abtropfen lassen. **6** In der Zwischenzeit Kokosmilch in einem Topf zum Kochen bringen und etwa 5 Minuten bei mittlerer Hitze ohne Deckel einkochen lassen. Ingwer schälen, fein reiben und hinzugeben. Limettenschale und -saft unterrühren. Mit Salz würzen. **7** Olivenöl in einer Pfanne erhitzen.

Garnelen mit Salz bestreuen, in die Pfanne legen und von jeder Seite etwa 1 Minute bei mittlerer Hitze anbraten, mit dem Sambal-Orangen-Gemisch ablöschen und etwa 1 Minute einkochen lassen. **8** Basilikum abspülen und trocken tupfen. Die Blättchen von den Stängeln zupfen. Blättchen grob zerschneiden. Die Spaghetti mit der heißen Kokosmilch mischen und anrichten. Garnelen daran verteilen. Mit Basilikum bestreuen.

Titelrezept: **Garnelen mit Gurkensalat**

Dafür Garnelen wie unter Punkt **1** beschrieben zubereiten, mit Basilikumblättchen auf 2 Spieße stecken und in 2 Esslöffel erhitztem Olivenöl von beiden Seiten braten. Mit Salz und Pfeffer würzen. Für den Salat 1 Gurke abspülen, abtrocknen, Enden abschneiden, Gurke in dünne Scheiben schneiden oder hobeln. Aus 1 gewürfelten Zwiebel, 2 Esslöffeln Kräuteressig, Salz, Pfeffer, Zucker und 3 Esslöffeln Speiseöl eine Marinade zubereiten und mit den Gurkenscheiben vermengen. Garnelen mit dem Gurkensalat, evtl. mit Chilischotenringen oder Paprikaflocken bestreut, anrichten.

EIN HAUCH ITALIEN

ZITRUS-RISOTTO
mit Lachs

FÜR 1 PORTION	ZUTATEN	1 kleine Handvoll	75 g Risottoreis
♥	50 ml frisch gepresster Orangensaft	Kräuterblättchen, z.B. Kerbel, Dill, Pimpinelle, Basilikum, Petersilie	(z.B. Carnaroli)
	1 TL Himbeeressig	1 Schalotte	150 g Lachsfilet ohne Haut und Gräten
ZUBEREITUNGSZEIT	2 EL Olivenöl	300 ml gute Hühnerbrühe	je 1 TL fein abgeriebene
45 Minuten	gem. Meersalz	(evtl. aus gekörnter Bio-Brühe)	Schale von 1 Bio-Orange,
GARZEIT	gem., weißer Pfeffer	50 g Schlagsahne	-Zitrone und -Limette (unbehandelt, ungewachst)
23–26 Minuten			

Nährwerte pro Portion Eiweiß: 37 g, Fett: 42 g, Kohlenhydrate: 71 g, Kilojoule: 3421, Kilokalorien: 818, BE: 5,5

1 Zwei Esslöffel vom Orangensaft mit Himbeeressig und 1 Teelöffel Olivenöl verrühren. Mit Salz und etwas grob gemahlenem Pfeffer verrühren. Die Kräuterblättchen abspülen, trocken tupfen und zugedeckt in den Kühlschrank stellen. **2** Schalotte abziehen und in kleine Würfel schneiden. Brühe mit der Sahne in einem Topf erhitzen. Einen Esslöffel vom restlichen Olivenöl in einem weiteren Topf erhitzen. Schalottenwürfel darin bei mittlerer Hitze kräftig andünsten. Reis hinzugeben und kurz glasig weiß andünsten. Mit restlichem Orangensaft ablöschen und ganz einkochen lassen. ⅛ der Brühe-Sahne-Mischung hinzugeben und kochen lassen. Mit Salz würzen. **3** Den Risotto in 18–20 Minuten al dente garen, dabei nach und nach die restliche

Brühe-Sahne-Mischung hinzugießen und sehr häufig umrühren. **4** Lachsfilet unter fließendem kalten Wasser abspülen, trocken tupfen und mit Salz würzen. Restliches Olivenöl in einer beschichteten Pfanne erhitzen. Lachsfilet von jeder Seite etwa 1 Minute bei mittlerer Hitze braten. Die Pfanne von der Kochstelle nehmen und mit einem Deckel verschließen. Lachsfilet darin 3–4 Minuten nachziehen lassen. **5** Die kalt gestellten Kräuterblättchen mit der Vinaigrette marinieren. Limetten-, Zitronen- und Orangenschale unter den Risotto rühren und anrichten. Lachsfilet nach Belieben etwas zerzupfen und mit den marinierten Kräuterblättchen auf dem Risotto verteilen.

MEERRETTICH-GNOCCHI
mit Rauke und Räucherschinken

FÜR 2 PORTIONEN ♥♥	ZUTATEN		
	500 g mehligkochende Kartoffeln	25 g Hartweizengrieß	2 Scheiben Schwarzwälder Schinken
ZUBEREITUNGSZEIT 90 Minuten	Salzwasser	25 g fein geriebene Meerrettichwurzel	Salzwasser
GARZEIT	1 Ei (Größe S)	Salz	30 g Butter
Gnocchi 2–3 Minuten	125 g Weizenmehl	5 Wacholderbeeren	20 g Pinienkerne
		40 g Rucola (Rauke)	2 EL flüssiger Honig

Nährwerte pro Portion Eiweiß: 22 g, Fett: 22 g, Kohlenhydrate: 108 g, Kilojoule: 3067, Kilokalorien: 733, BE: 9,0

1 Kartoffeln unter fließendem kalten Wasser gründlich abbürsten. Kartoffeln in einem Topf in kochendem Salzwasser zugedeckt in etwa

25 Minuten weich kochen. Kartoffeln abgießen, abdämpfen und heiß pellen. Kartoffeln durch eine Kartoffelpresse in eine Rührschüssel drücken.
2 Ei, Mehl, Grieß und 15 g vom geriebenen Meerrettich hinzugeben und rasch verkneten, dabei mit Salz würzen. Den

Teig auf der leicht bemehlten Arbeitsfläche zu Rollen formen. Die Teigrollen in etwa 2 cm breite Scheiben schneiden. Die einzelnen Teigscheiben mit der Gabelspitze eindrücken. Gnocchi auf ein

bemehltes Schneidbrett legen. **3** Wacholderbeeren fein zerstoßen. Rucola putzen und die dicken Stiele abschneiden. Rucola abspülen, gut abtropfen lassen und grob zerschneiden. Schinken in kleine Stücke schneiden. **4** Salzwasser in einem Topf zum Kochen bringen. Gnocchi hinzugeben und in 2–3 Minuten gar ziehen lassen, bis sie an der Oberfläche schwimmen. Gnocchi mit einem Schaumlöffel herausnehmen und gut abtropfen lassen.
5 Butter in einer Pfanne zerlassen. Pinienkerne darin unter Wenden rösten. Schinkenstücke und zerdrückte Wacholderbeeren darin kurz schwenken. Rucola hinzugeben und zusammenfallen lassen. Honig unterrühren. Mit etwas Salz würzen.
6 Die Gnocchi in eine Schüssel geben. Mit der Honig-Wacholder-Butter beträufeln und mit dem restlichen Meerrettich bestreuen.

BAKED POTATOES
mit Toppings

IMMER WIEDER
LECKER

FÜR 4 PORTIONEN ♥♥♥♥	ZUTATEN
ZUBEREITUNGSZEIT	4 Ofenkartoffeln
5 Minuten	(je etwa 300 g)
GARZEIT	1 EL grobes Meersalz
65–70 Minuten	

Nährwerte pro Portion Eiweiß: 6 g, Fett: 0 g, Kohlenhydrate: 44 g, Kilojoule: 894, Kilokalorien: 213, BE: 4,0

1 Den Backofen vorheizen. **Ober-/Unterhitze:** etwa 200 °C, **Heißluft:** etwa 180 °C. **2** Kartoffeln unter fließendem kalten Wasser gründlich abbürsten und abtropfen lassen. Feuchte Kartoffeln mit Meersalz einreiben. Die Kartoffeln rundherum mehrmals mit einer Gabel einstechen, auf einen Backofenrost legen und in den vorgeheizten Backofen schieben. Die Kartoffeln 65–70 Minuten garen. **3** Die Kartoffeln vom Backofenrost nehmen. Kartoffeln der Länge nach mit einer Gabel eindrücken und auseinanderdrücken.

KRÄUTERÖL-TOPPING

FÜR 4 PORTIONEN ♥♥♥♥	ZUTATEN		
ZUBEREITUNGSZEIT	100 g Zwiebeln	50 ml Olivenöl	1 TL fein abgeriebene
15 Minuten	1 Knoblauchzehe	Salz	Schale von 1 Bio-Zitrone
	5 Stängel Thymian	gem. Pfeffer	(unbehandelt,
	¼ Bund glatte Petersilie	1 EL abgetropfte,	ungewachst)
		kleine Kapern	

Nährwerte pro Portion Eiweiß: 0 g, Fett: 13 g, Kohlenhydrate: 2 g, Kilojoule: 500, Kilokalorien: 120, BE: 0,0

1 Zwiebeln und Knoblauch abziehen. Zwiebeln in kleine Würfel, Knoblauch in dünne Scheiben schneiden. Thymian und Petersilie abspülen, trocken tupfen. Die Blättchen von den Stängeln zupfen. Blättchen grob zerkleinern. Olivenöl in einer Pfanne erhitzen. Zwiebelwürfel und Knoblauchscheiben darin andünsten. Mit Salz und Pfeffer würzen. Thymian, Petersilie, Kapern und Zitronenschale unterrühren. Das Kräuteröl noch lauwarm auf die heißen Baked Potatoes geben.

RUCOLA-TOMATEN-QUARK-TOPPING

FÜR 4 PORTIONEN ♥ ♥ ♥ ♥	ZUTATEN	grob gem. schwarzer	400 g Magerquark
	20 g weiche, getrocknete	Pfeffer	50 g Rucola (Rauke)
ZUBEREITUNGSZEIT	Tomaten ohne Öl	40 g fein ger. Pecorino-	
10 Minuten	Salz	oder Parmesan	

Nährwerte pro Portion Eiweiß: 17 g, Fett: 4 g, Kohlenhydrate: 5 g, Kilojoule: 521, Kilokalorien: 124, BE: 0,5

1 Tomaten in sehr kleine Würfel schneiden, mit Salz, Pfeffer, Käse und Quark verrühren. Rucola putzen und die harten Stiele abschneiden. Rucola abspülen, trocken tupfen oder schleudern und grob zerkleinern. Rucola unter die Quark-Käse-Masse rühren. Sofort servieren.

PAPRIKA-CHORIZO-TOPPING

FÜR 4 PORTIONEN ♥ ♥ ♥ ♥	ZUTATEN	40 g Chorizowurst	3 EL Olivenöl
	75 g Baby-Spinat	(in Scheiben)	50 g Cheddar-Käse,
ZUBEREITUNGSZEIT	(Spinat-Salat)	2 gelbe Paprikaschoten	grob geraspelt
20 Minuten		½ rote Peperoni	Salz

Nährwerte pro Portion Eiweiß: 7 g, Fett: 16 g, Kohlenhydrate: 5 g, Kilojoule: 790, Kilokalorien: 189, BE: 0,0

1 Spinat verlesen, gründlich waschen, trocken tupfen oder schleudern und grob zerschneiden. Chorizoscheiben in kleine Stücke schneiden. Paprikaschoten halbieren, entstielen, entkernen und die weißen Scheidewände entfernen. Schoten abspülen, abtropfen lassen und der Länge nach in feine Streifen schneiden. Peperoni abspülen, trocken tupfen, entstielen und halbieren. Peperonihälfte mit den Kernen in dünne Scheiben schneiden.
2 Olivenöl in einer Pfanne erhitzen. Paprikastreifen und Peperonischeiben darin unter Rühren kräftig andünsten. Chorizostücke hinzugeben und kurz mit andünsten. Spinat untermischen und ganz kurz zusammenfallen lassen. Cheddar-Käse untermengen. Mit wenig Salz würzen. Paprika-Chorizo-Topping noch heiß auf die Baked Potatoes geben.

KARTOFFELPÜREE
mit Mascarpone

FÜR 4 PORTIONEN
♥♥♥♥

ZUBEREITUNGSZEIT
40 Minuten
GARZEIT: TOMATEN-CHAMPIGNON-MISCHUNG
10–12 Minuten

ZUTATEN
1,25 kg mehligkochende Kartoffeln
Salzwasser
½ Bund glatte Petersilie
300 g rosé Champignons
40 g Serrano-Schinken
(etwa 4 Scheiben)

200 g sehr kleine Strauchtomaten
6 EL Olivenöl
20 g abgetropfte Kapern
1 EL Balsamico-Essig
Salz
gem. schwarzer Pfeffer
200 ml Milch (3,5 % Fett)

50 g Mascarpone
(ital. Frischkäse)

Nährwerte pro Portion Eiweiß: 13 g, Fett: 20 g, Kohlenhydrate: 42 g, Kilojoule: 1716, Kilokalorien: 409, BE: 3,5

1 Kartoffeln schälen, abspülen und abtropfen lassen. Kartoffeln in kochendem Salzwasser zugedeckt in 20–25 Minuten gar kochen. **2** In der Zwischenzeit Petersilie abspülen und trocken tupfen. Die Blättchen von den Stängeln zupfen. Blättchen grob zerschneiden. **3** Champignons putzen, evtl. kurz abspülen, trocken tupfen und waagerecht halbieren. Schinkenscheiben in kleine Stücke schneiden. Tomaten abspülen, abtrocknen und die Stängelansätze herausschneiden. **4** Zwei Esslöffel vom Olivenöl in einer Pfanne erhitzen. Tomaten, Kapern, Essig, Salz und Pfeffer hinzugeben, unter gelegentlichem Wenden 6–8 Minuten bei schwacher Hitze garen, bis die Tomaten leicht aufplatzen. **5** Einen Esslöffel vom restlichen Olivenöls in

einer zweiten, großen Pfanne erhitzen. Die Schinkenstücke darin von beiden Seiten knusprig braten, herausnehmen und auf Küchenpapier abtropfen lassen. **6** Restliches Olivenöl in der Pfanne erhitzen. Die Champignonhälften darin rundherum etwa 4 Minuten bei starker Hitze kräftig goldbraun braten. Mit Salz und Pfeffer würzen. Tomaten, Schinkenstücke und Petersilie vorsichtig untermischen. **7** Die Milch erhitzen. Die gegarten Kartoffeln abgießen, sofort durch eine Kartoffelpresse zurück in den heißen Topf drücken. Milch, Mascarpone und etwas Salz mit einem Kochlöffel kurz und glatt unterrühren. Kartoffelpüree in einer Schüssel anrichten. Die Tomaten-Champignon-Mischung daran verteilen.

KARTOFFELPÜREE
mit asiatischen Aromen

FÜR 4 PORTIONEN
♥ ♥ ♥ ♥

ZUBEREITUNGSZEIT
20 Minuten

ZUTATEN
4 Stangen Zitronengras
2 Kaffirblätter
(Limettenblätter)
1,25 kg mehligkochende
Kartoffeln
Salzwasser

2 EL Sesamsamen
200 ml Kokosmilch
fein abgeriebene Schale
von 2 Bio-Limetten
(unbehandelt,
ungewachst)

½ TL getrocknete
Chilibrösel
evtl. Salz
½ Bund Koriandergrün

Nährwerte pro Portion Eiweiß: 7 g, Fett: 4 g, Kohlenhydrate: 42 g, Kilojoule: 1007, Kilokalorien: 240, BE: 3,5

1 Zitronengras mit einem schweren Gegenstand faserig flach klopfen. Zitronengras kurz abspülen und trocken tupfen. Kaffirblätter ebenfalls abspülen und trocken tupfen. Kartoffeln schälen, abspülen und abtropfen lassen. Kartoffeln mit Salzwasser bedeckt zum Kochen bringen. Zitronengras und Kaffirblätter hinzugeben. Kartoffeln zugedeckt in 20–25 Minuten gar kochen. **2** In der Zwischenzeit Sesam in einer Pfanne ohne Fett unter Wenden goldbraun rösten. Kokosmilch erhitzen. **3** Die gegarten Kartoffeln abgießen, Zitronengras und Kaffirblätter entfernen. Kartoffeln sofort durch eine Kartoffelpresse zurück in den heißen Topf drücken. Die heiße Kokosmilch hinzugießen und mit einem Kochlöffel glatt rühren. Limettenschale und Chilibrösel unterrühren, nach Belieben mit Salz nachwürzen. **4** Koriander abspülen und trocken tupfen. Die Blättchen von den Stängeln zupfen. Blättchen grob zerschneiden. **5** Kartoffelpüree in einer Schüssel anrichten. Mit Sesam bestreuen und Koriander garnieren.

VEGETARISCH

KARTOFFELPÜREE
mit Tapenade und getrockneten Tomaten

FÜR 4 PORTIONEN
♥ ♥ ♥ ♥

ZUBEREITUNGSZEIT
40 Minuten

ZUTATEN
1 kg festkochende
Kartoffeln
Salzwasser

FÜR DIE TAPENADE:
1 TL frische
Thymianblättchen
75 g abgetropfte, ge-
trocknete Tomaten in Öl
3 EL Tomatenöl
(von den Tomaten)
150 g Crème fraîche

100 g Schlagsahne
oder 100 ml Milch
(3,5 % Fett)
Salz
gem. Pfeffer
8–10 schöne
Salbeiblättchen
2 EL Olivenöl

Nährwerte pro Portion Eiweiß: 7 g, Fett: 30 g, Kohlenhydrate: 37 g, Kilojoule: 1877, Kilokalorien: 450, BE: 3,0

1 Kartoffeln schälen, abspülen und abtropfen lassen. Kartoffeln in einem Topf in kochendem Salzwasser zugedeckt in 20–25 Minuten gar kochen. **2** In der Zwischenzeit für die Tapenade Thymianblättchen abspülen und trocken tupfen. Die Tomaten grob zerkleinern, mit 3 Esslöffeln Tomatenöl und den Thymianblättchen im Blitzhacker fein pürieren. **3** Die gegarten Kartoffeln in einem Sieb abtropfen lassen und sofort wieder in den heißen Topf geben. Kartoffeln mit einem Kartoffelstampfer grob zerdrücken. Crème fraîche und Sahne oder Milch mit einem Holzlöffel unterrühren. Mit Salz und Pfeffer würzen. Kartoffelpüree zugedeckt in dem Topf warm

halten. **4** Von dem Crème-fraîche-Becher den Boden mit der Küchenschere abschneiden. Den Becher abspülen, abtrocknen und auf einen kleinen Teller stellen. Zuerst Kartoffelpüree zur Hälfte einfüllen. Dann etwas Tapenade (Tomatenpaste) daraufgeben. Eine weitere Schicht Kartoffelpüree einfüllen und leicht andrücken. Den Becher abheben. Die weiteren Pürees auf die gleiche Weise anrichten. **5** Salbeiblättchen abspülen und trocken tupfen. Olivenöl in einer Pfanne erhitzen. Die Salbeiblättchen darin von beiden Seiten knusprig anrösten, herausnehmen und mit dem Salbeiöl auf den Pürees verteilen.

EXOTISCH

Kichererbsen–
SAMBAL

FÜR 2 PORTIONEN
♥ ♥

ZUBEREITUNGSZEIT
40 Minuten
GARZEIT
2–3 Minuten

ZUTATEN
240 g abgetropfte
Kichererbsen
(aus der Dose)
5 getrocknete Aprikosen
1 rote Zwiebel

100 g Baby-Spinat
12 Cocktailtomaten
2 EL Speiseöl
1 EL Currypulver, mild
1 EL Sambal Oelek
2 EL brauner Zucker

250 ml Gemüsebrühe
(evtl. aus gekörnter
Bio-Brühe)
Salz
1 TL Speisestärke
5–6 Minzeblättchen
1 EL Limettensaft

Nährwerte pro Portion Eiweiß: 14 g, Fett: 14 g, Kohlenhydrate: 60 g, Kilojoule: 1826, Kilokalorien: 436, BE: 4,5

1 Kichererbsen in ein Sieb geben, mit kaltem Wasser abspülen und abtropfen lassen. Aprikosen in kleine Stücke schneiden. Zwiebel abziehen, halbieren und in etwa ½ cm breite Streifen schneiden. Spinat putzen, gründlich abspülen und gut abtropfen lassen oder trocken schleudern. Tomaten abspülen, abtropfen lassen und halbieren, Stängelansätze herausschneiden. **2** Speiseöl in einem Topf erhitzen. Zwiebelstreifen darin unter Rühren weich dünsten. Mit Curry, Sambal Oelek und Zucker würzen. Kichererbsen, Aprikosenstücke, Tomatenhälften und

Spinat untermischen. Brühe hinzugießen, mit Salz würzen. **3** Die Zutaten zum Kochen bringen und 2–3 Minuten kochen lassen. Speisestärke mit etwas Wasser anrühren, unter das Gemüse rühren und kurz aufkochen lassen. **4** Minzeblättchen abspülen, trocken tupfen und grob zerschneiden. Minze und Limettensaft unter das Kichererbsen-Gemüse mischen.

Beilage Basmatireis.

Scharfes RINDERCURRY

FÜR 4 PORTIONEN
♥ ♥ ♥ ♥

ZUBEREITUNGSZEIT
45 Minuten,
ohne Marinierzeit
GARZEIT
92–93 Minuten

ZUTATEN
150 g Zwiebeln
4 Knoblauchzehen
60 g frischer Ingwer
½–1 rote Chilischote
1 EL gem. Kurkuma
(Gelbwurz)
1 TL gem. Kreuzkümmel
(Cumin)

2 EL Paprikapulver
edelsüß
1 kg durchwachsenes
Rindergulasch am Stück
(Rinderschulter)
4 EL Speiseöl
Salz
800 ml ungesüßte
Kokosmilch

3 Kaffirblätter
(Limettenblätter)
evtl. 1–2 TL Speisestärke
etwas Wasser
1 Baby-Ananas
12 Cocktailtomaten
4 Stängel Thai-Basilikum

Nährwerte pro Portion Eiweiß: 52 g, Fett: 33 g, Kohlenhydrate: 25 g, Kilojoule: 2560, Kilokalorien: 609, BE: 1,5

1 Zwiebeln und Knoblauch abziehen, jeweils grob zerkleinern. Ingwer schälen und fein reiben. Chilischote abspülen, trocken tupfen, entstielen und mit den Kernen grob hacken. **2** Zwiebeln, Knoblauch, Ingwer und Chili in einen Blitzhacker geben. Mit Kurkuma, Kreuzkümmel und Paprika fein hacken (nicht pürieren). **3** Das Rindfleisch mit Küchenpapier trocken tupfen, in etwa 20 g schwere Stücke schneiden und in eine flache Schale geben. Die Gewürzmischung gut untermischen. Die Fleischstücke zugedeckt über Nacht im Kühlschrank marinieren. **4** Speiseöl in einem weiten Topf erhitzen. Die marinierten Fleischstücke mit Salz würzen und in dem erhitzten Speiseöl von allen Seiten bei starker Hitze anbraten. Kokosmilch und abgespülte, trocken getupfte Kaffirblätter

hinzugeben. Die Zutaten zum Kochen bringen. Die Fleischstücke zugedeckt etwa 90 Minuten bei schwacher Hitze leicht kochen lassen. **5** Nach Belieben Speisestärke mit etwas Wasser anrühren, in das Rindercurry rühren und unter Rühren kurz aufkochen lassen. **6** Von der Ananas Blatt- und Strunkende entfernen. Ananas dick schälen, der Länge nach halbieren und den harten Mittelstrunk herausschneiden. Ananas in dünne Scheiben schneiden. Tomaten abspülen, trocken tupfen und die Stängelansätze herausschneiden. **7** Ananasscheiben und Tomaten in das Rindercurry geben und noch 2–3 Minuten mitkochen lassen. **8** Basilikum abspülen und trocken tupfen. Die Blättchen von den Stängeln zupfen. Basilikumblättchen in das Rindercurry geben.

GEMÜSECURRY

FÜR 2 PORTIONEN
♥♥

ZUBEREITUNGSZEIT
30 Minuten
GARZEIT
etwa 3 Minuten

ZUTATEN
1 rote Paprikaschote
100 g frische Shiitakepilze
2 Stangen
Frühlingszwiebeln
100 g Zuckerschoten
1–2 Knoblauchzehen
½ rote Chilischote

20 g frischer Ingwer
1 EL Speiseöl
200 ml Gemüsebrühe
200 ml Kokosmilch
abgeriebene Schale
von 1 Bio-Limette
(unbehandelt,
ungewachst)

2 EL Limettensaft
Salz
1 TL Speisestärke
etwas Wasser
3–4 Stängel Koriander

Nährwerte pro Portion Eiweiß: 5 g, Fett: 23 g, Kohlenhydrate: 21 g, Kilojoule: 1280, Kilokalorien: 309, BE: 1,5

1 Paprikaschote halbieren, entstielen, entkernen und die weißen Scheidewände entfernen. Schote abspülen, abtropfen lassen und in feine Streifen schneiden. Pilze putzen und die Stiele abschneiden. Pilze evtl. kurz abspülen, trocken tupfen und in dünne Scheiben schneiden. Frühlingszwiebeln putzen, abspülen und abtropfen lassen. Frühlingszwiebeln mit dem hellen Grün schräg in Scheiben schneiden. **2** Von den Zuckerschoten die Enden abschneiden, evtl. abfädeln. Zuckerschoten abspülen, abtropfen lassen und längs durchschneiden. Knoblauch abziehen und in sehr kleine Würfel schneiden. Chilischote abspülen, trocken tupfen, entstielen und mit den Kernen in dünne Scheiben schneiden. Ingwer schälen und fein reiben. **3** Speiseöl in einem Wok erhitzen.

Zuerst Zuckerschotenhälften, Paprikastreifen und Pilzscheiben darin etwa 1 Minute unter Wenden stark andünsten. Dann Frühlingszwiebel-, Chilischeiben, Knoblauchwürfel und Ingwer hinzugeben, kurz mitdünsten lassen. Brühe und Kokosmilch hinzugießen, zum Kochen bringen und etwa 2 Minuten kochen lassen. **4** Limette heiß abwaschen, abtrocknen und die Schale fein abreiben. Limette halbieren und den Saft auspressen. Limettenschale und 2 Esslöffel vom Limettensaft unter das Gemüsecurry rühren. Mit Salz würzen. **5** Speisestärke mit etwas Wasser anrühren, in das Curry rühren und unter Rühren aufkochen lassen. **6** Koriander abspülen und trocken tupfen. Die Blättchen von den Stängeln zupfen. Blättchen grob zerschneiden und unter das Curry mischen.

SPICY LACHSFILET
mit Kartoffel-Gurken-Minze-Salat

FÜR 4 PORTIONEN
♥♥♥♥

ZUBEREITUNGSZEIT
50 Minuten,
ohne Durchziehzeit

ZUTATEN
700 g kleine
Salatkartoffeln
Salzwasser
3 Bio-Limetten
(unbehandelt,
ungewachst)
10 EL Sonnenblumenöl

175 ml Geflügelbrühe
1 EL Currypulver, mild
2 EL mittelscharfer Senf
Salz
gem. weißer Pfeffer
75 g Frühlingszwiebeln
200 g Mini-Salatgurke

4 Lachsfilets ohne
Haut und Gräten
(je etwa 150 g)
5 Pimentkörner
10 Korianderkörner
1 EL Chiliflakes
etwa 10 frische
Minzeblättchen

Nährwerte pro Portion Eiweiß: 35 g, Fett: 35 g, Kohlenhydrate: 30 g, Kilojoule: 2420, Kilokalorien: 578, BE: 2,5

1 Kartoffeln gründlich waschen und mit der Schale in kochendem Salzwasser etwa 20 Minuten garen. **2** In der Zwischenzeit Limetten heiß abwaschen, abtrocknen und von 2 Limetten die Schale mit einem Zestenreißer abziehen, dann halbieren, den Saft auspressen und 6 Esslöffel Saft abmessen. Beides mit 6 Esslöffeln Sonnenblumenöl, Brühe, Curry, Senf, Salz und Pfeffer verrühren. **3** Die gegarten Kartoffeln abgießen, abdämpfen, noch warm pellen und halbieren. Die Vinaigrette mit den noch warmen Kartoffeln mischen und etwa 30 Minuten ziehen lassen. **4** Frühlingszwiebeln putzen, abspülen, abtropfen lassen und in sehr feine Scheiben schneiden. Gurke abspülen, trocken tupfen und die Enden abschneiden. Die Gurke ungeschält der Länge nach vierteln und dann in dünne Blättchen schneiden. Beides zum Kartoffelsalat geben und weitere etwa 15 Minuten durchziehen lassen. **5** Lachsfilets unter fließendem kalten Wasser abspülen und trocken tupfen. Piment-, Korianderkörner und Chiliflakes im Mörser zerstoßen, mit 2 Esslöffeln Sonnenblumenöl und etwas Salz verrühren. Die Lachsfilets auf beiden Seiten damit einreiben. **6** Das restliche Sonnenblumenöl in einer weiten, beschichteten Pfanne erhitzen. Die Lachsfilets darin von jeder Seite etwa 2 Minuten bei mittlerer Hitze braten. Die Pfanne von der Kochstelle nehmen und mit einem Deckel verschließen. Die Lachsfilets darin 3–4 Minuten nachziehen lassen. **7** Minzeblättchen abspülen, trocken tupfen, nicht zu klein schneiden und unter den Kartoffelsalat mischen, Salat eventuell mit Salz und Pfeffer nachwürzen. Die restliche Limette in kleine Ecken schneiden und zum Beträufeln der Lachsfilets dazu servieren.

FORELLE
im Päckchen

FÜR 2 PORTIONEN
♥♥

ZUBEREITUNGSZEIT
40 Minuten
GARZEIT
etwa 33 Minuten

ZUTATEN
6 Blätter
Pergamentpapier
(etwa 28 x 38 cm)
3 EL Speiseöl
2 Forellenfilets ohne Haut
(je etwa 175 g)

½ Salatgurke
1 kleine Zwiebel
12 Cocktailtomaten
300 g Kartoffeln
3 EL Olivenöl
3 EL Weißwein
3 EL Gemüsebrühe

Salz
gem. Pfeffer
2 TL grobkörniger Senf
2–3 Stängel Dill

AUSSERDEM:
Küchengarn

Nährwerte pro Portion Eiweiß: 41 g, Fett: 37 g, Kohlenhydrate: 25 g, Kilojoule: 2548, Kilokalorien: 607, BE: 1,5

1 Je 3 Blätter Pergamentpapier übereinanderlegen. Dabei jeweils das 1. und 2. Blatt dünn mit Speiseöl bepinseln. **2** Von den Forellenfilets die Gräten mit einer Pinzette herausziehen. Forellenfilets evtl. kurz unter fließendem kalten Wasser abspülen und trocken tupfen. Die Gurkenhälfte schälen, längs halbieren, entkernen und in sehr kleine Würfel schneiden. Zwiebel abziehen und klein würfeln. **3** Tomaten abspülen, abtropfen lassen und die Stängelansätze herausschneiden. Tomaten in kleine Stücke schneiden. Kartoffeln schälen, abspülen, abtropfen lassen und in sehr kleine Würfel schneiden. **4** Olivenöl in einer beschichteten Pfanne erhitzen. Kartoffelwürfel darin etwa 10 Minuten bei mittlerer Hitze unter mehrmaligem Wenden bissfest garen. **5** Den Backofen vorheizen. Ober-/ Unterhitze: etwa 200 °C, Heißluft: etwa 180 °C.

6 Gurken- und Zwiebelwürfel unter die Kartoffelwürfel mischen, etwa 3 Minuten weitergaren. Wein und Brühe hinzugießen, aufkochen lassen. Mit Salz und Pfeffer würzen. Tomatenstücke unterheben. **7** Das Gemüse in die Mitte der übereinandergelegten Blätter geben. Die Fischfilets mit Senf bestreichen, mit Salz würzen und auf das Gemüse legen. Dill abspülen und trocken tupfen. Die Spitzen von den Stängeln zupfen. Spitzen grob zerkleinern und auf den Fischfilets verteilen. **8** Das Papier wie ein „Bonbon" zu einem Päckchen verschließen, sodass die Nahtseite oben liegt. Das „Bonbon" mit Küchengarn fest zusammenbinden und auf ein Backblech legen. **9** Das Backblech in den vorgeheizten Backofen schieben. Forellenfilets mit dem Gemüse etwa 20 Minuten garen.

Pochiertes
RINDERFILET

FÜR 4 PORTIONEN
♥ ♥ ♥ ♥

ZUBEREITUNGSZEIT
45 Minuten

GARZEIT
etwa 18 Minuten

ZUTATEN
500 g reife Birnen,
z. B. Williams
3 EL Zitronensaft
2 EL Zucker
1–2 EL Tafelmeerrettich

Salz
8 Möhren
8 Petersilienwurzeln
etwa 3 l Rinderbrühe
je ½ Bund Thymian
und Liebstöckel

4 magere Rinderfilet-
Mittelstücke
(je etwa 180 g)
2 Stängel Petersilie
4 Schnittlauchhalme
2 EL grobes Meersalz

Nährwerte pro Portion Eiweiß: 47 g, Fett: 9 g, Kohlenhydrate: 41 g, Kilojoule: 1832, Kilokalorien: 437, BE: 3,0

1 Birnen schälen, vierteln, entkernen, mit Zitronensaft und Zucker in einen Topf geben. Birnenviertel zugedeckt in etwa 10 Minuten weich dünsten. Birnenviertel grob zerdrücken, mit Meerrettich und Salz vermischen. **2** Möhren

und Petersilienwurzeln putzen, schälen, abspülen und abtropfen lassen. Brühe in einem Topf zum Kochen bringen. Möhren und Petersilienwurzeln hinzugeben, wieder zum Kochen bringen und zugedeckt etwa 4 Minuten kochen lassen. **3** Thymian und Liebstöckel abspülen und trocken tupfen. Ein Metallsieb oder einen Dämpfeinsatz damit auslegen. Rinderfilets mit Küchenpapier trocken tupfen. Mit Salz würzen. Rinderfilets nebeneinander in das Sieb oder den Dämpfeinsatz legen. Topf und Sieb oder Dämpfeinsatz sollten so groß sein, dass das Sieb oder

der Dämpfeinsatz nicht auf dem Topfboden aufliegt. **4** Das Sieb oder den Dämpfeinsatz in die kochende Brühe zum Gemüse geben. Die Rinderfilets müssen beim Garen mit reichlich Brühe bedeckt sein. Rinderfilets auf der ausgeschalteten Kochstelle zugedeckt in etwa 14 Minuten gar ziehen lassen. Die Brühe darf nicht mehr kochen. **5** Petersilie und Schnittlauch abspülen und trocken tupfen. Die Blättchen von den Petersilienstängeln zupfen. Blättchen grob hacken. Schnittlauch in Röllchen schneiden. Petersilie und Schnittlauchröllchen mit dem Meersalz im Mörser fein zerstoßen. **6** Das Sieb oder den Dämpfeinsatz aus der Brühe nehmen. Die Rinderfilets abtropfen lassen und mit dem Kräutersalz bestreuen. **7** Das Gemüse mit einem Schaumlöffel aus der Brühe nehmen und abtropfen lassen. **8** Rinderfilets mit dem Birnen-Meerrettich und dem Gemüse anrichten. Mit etwas Brühe servieren.

Tipp Dazu passen in Butterbröseln geschwenkte Salzkartoffeln.

IN WEIN
GEBADET

HÄHNCHEN-SCHENKEL MIT KARTOFFELN
aus dem Ofen

FÜR 2 PORTIONEN ♥♥	**ZUTATEN**		
	2 Hähnchenschenkel vom Bauernhähnchen (je etwa 300 g)	¼ Bund Thymian	150 ml Weißwein
ZUBEREITUNGSZEIT 15 Minuten	Salz gem. Pfeffer	400 g kleine, festkochende Kartoffeln, z. B. La Ratte, Bamberger Hörnchen	100 ml Wasser 1 Stängel Rosmarin
GARZEIT 70–75 Minuten	100 g Butter	1 Knoblauchknolle, möglichst frisch	2–3 Stängel Salbei

Nährwerte pro Portion Eiweiß: 45 g, Fett: 67 g, Kohlenhydrate: 26 g, Kilojoule: 3917, Kilokalorien: 937, BE: 2,0

1 Hähnchenschenkel unter fließendem kalten Wasser abspülen und trocken tupfen. Mit Salz und Pfeffer würzen. Hähnchenschenkel in eine große, feuerfeste Form legen. Butter in Flöckchen auf den Hähnchenschenkeln verteilen. **2** Den Backofen vorheizen. Ober-/Unterhitze: etwa 200 °C, Heißluft: etwa 180 °C. **3** Thymian abspülen und trocken tupfen. Etwa einen Esslöffel Thymianblättchen abstreifen und auf die Hähnchenschenkel streuen. Restlichen Thymian beiseitelegen. **4** Kartoffeln unter fließendem kalten Wasser gründlich abbürsten, abtropfen lassen und halbieren. Kartoffelhälften mit Salz und Pfeffer bestreuen und zu den Hähnchenschenkeln in die Form legen. **5** Knoblauchknolle längs vierteln und in den Zwischenräumen verteilen. Wein und etwa 100 ml Wasser hinzugießen. Die Form auf dem Rost in den vorgeheizten Backofen (unteres Drittel) schieben. Die Hähnchenschenkel mit den Kartoffeln 70–75 Minuten garen. **6** In der Zwischenzeit Rosmarin und Salbei abspülen und trocken tupfen. Etwa 10 Minuten vor Ende der Garzeit den beiseitegelegten Thymian, Rosmarin und Salbei mit in die Form legen. Hähnchenschenkel mit den Kartoffeln fertig garen.

FÜR GUTE
ESSER

Rustikaler
KÜRBISKUCHEN

FÜR 4 PORTIONEN
♥♥♥♥

ZUBEREITUNGSZEIT
40 Minuten,
ohne Teiggehzeit
BACKZEIT
etwa 25 Minuten

ZUTATEN
300 g Weizenmehl
(Type 550)
1 TL Dr. Oetker
Trockenbackhefe
1 gestr. TL Salz
1 TL Kümmelsamen
225 ml lauwarmes Wasser

2 EL Walnussöl
250 g Hokkaido-Kürbis
100 g Zwiebeln
je 50 g Ziegengouda- und
Gruyère-Käse, im Stück
75 g durchwachsener
Speck, in Scheiben
75 g Crème fraîche

Salz
4 Stängel Majoran
gem. schwarzer Pfeffer

Nährwerte pro Portion Eiweiß: 19 g, Fett: 25 g, Kohlenhydrate: 59 g, Kilojoule: 2267, Kilokalorien: 542, BE: 5,0

1 Für den Teig Mehl in eine Rührschüssel geben, mit Trockenbackhefe sorgfältig vermischen. Salz, Kümmel, lauwarmes Wasser und Walnussöl hinzugeben. Die Zutaten mit einem Mixer

(Knethaken) zunächst kurz auf niedrigster, dann auf höchster Stufe in etwa 5 Minuten zu einem glatten Teig verarbeiten. Den Teig zugedeckt etwa 90 Minuten an einem warmen Ort gehen lassen. **2** In der Zwischenzeit von dem Kürbisstück die Kerne mit einem Löffel herausschaben. Kürbis schälen und das Fruchtfleisch in sehr dünne Scheiben schneiden oder hobeln. Zwiebeln abziehen und in dünne Streifen schneiden. Den Käse grob reiben. Speckscheiben in etwa 1 cm breite Streifen schneiden. **3** Den

Backofen vorheizen. **Ober-/Unterhitze:** etwa 240 °C, **Heißluft:** etwa 220 °C. **4** Den gegangenen Teig leicht mit Mehl bestäuben und aus der Schüssel nehmen. Den Teig auf einem Backblech (mit Backpapier belegt) mit angefeuchteten Händen zu einem etwa 1 cm dicken Fladen formen. **5** Den Teigfladen zuerst mit Crème fraîche bestreichen. Kürbisscheiben leicht mit Salz bestreuen und darauflegen. Zwiebelstreifen daraufstreuen und den Käse darauf verteilen. **6** Majoran abspülen und trocken tupfen. Den Teigfladen mit den Speckstreifen und Majoranstängeln belegen. Mit grob gemahlenem Pfeffer bestreuen. Das Backblech in den vorgeheizten Backofen (untere Schiene) schieben. Den Kürbiskuchen etwa 25 Minuten backen. Lauwarm servieren.

Zum
DAHINSCHMELZEN

Wie süß ist das denn?
Rosa Kokosraspel,
Blaubeeren, Schokolade
oder Zitronengras-Sirup.
Und das ist nur die Verzierung
für unwiderstehliche Desserts.
Eins geht immer noch!

JOGHURT-PANNA-COTTA
mit rosa Kokosraspeln

FÜR 4 PORTIONEN
♥ ♥ ♥ ♥

ZUBEREITUNGSZEIT
40 Minuten,
ohne Kühlzeit

ZUTATEN
3 Blatt weiße Gelatine
½ Vanilleschote
200 g Schlagsahne
75 g Zucker
250 g Joghurt
(3,5 % Fett)

100 g TK-Erdbeeren
1 EL Zitronensaft
60 g frisches
Kokosnuss-Fruchtfleisch
1 EL Erdbeersirup oder
2 Tropfen rote
Speisefarbe

AUSSERDEM:
4 Förmchen oder Gläser
(etwa 200 ml Inhalt)

Nährwerte pro Portion Eiweiß: 5 g, Fett: 24 g, Kohlenhydrate: 29 g, Kilojoule: 1482, Kilokalorien: 355, BE: 2,5

1 Gelatine in kaltem Wasser nach Packungsanleitung einweichen. Vanilleschote längs aufschneiden und das Mark mit einem kleinen Messer herausschaben. **2** Sahne mit 50 g vom Zucker, Vanilleschote und -mark in einem kleinen Topf zum Kochen bringen. Den Topf von der Kochstelle nehmen. Die Gelatine gut ausdrücken und in der heißen Sahne unter Rühren vollständig auflösen. Joghurt hinzugeben und glatt unterrühren. Die Sahne-Joghurt-Masse durch ein feines Sieb gießen und in 4 Förmchen oder Gläsern verteilen. **3** Die Förmchen oder Gläser mit Frischhaltefolie zugedeckt etwa 6 Stunden in den Kühlschrank stellen. Panna Cotta fest werden lassen. **4** In der Zwischenzeit Erdbeeren

fast ganz auftauen lassen (sie können noch einen leicht gefrorenen Kern haben). Erdbeeren mit dem restlichen Zucker und Zitronensaft in einen Rührbecher geben, fein pürieren und in den Kühlschrank stellen. **5** Die braune Schale von dem Kokosnuss-Fruchtfleisch abschälen. Fruchtfleisch fein raspeln. Kokosraspel kurz vor dem Servieren mit dem Sirup oder roter Speisefarbe mischen. **6** Die Förmchen oder Gläser aus dem Kühlschrank nehmen. Panna Cotta am Rand mit einem kleinen Messer lösen. Die Förmchen oder Gläser kurz in heißes Wasser tauchen. Panna Cotta auf 4 Teller stürzen. Die Erdbeersauce darum verteilen. Panna Cotta mit rosa Kokosraspeln bestreuen.

❤ **FRUCHTIGER GENUSS**

EXOTISCHER OBSTSALAT
mit Zitronengras-Sirup

FÜR 2 PORTIONEN UND 350 ML SIRUP AUF VORRAT
❤❤

ZUBEREITUNGSZEIT
30 Minuten, ohne Abkühlzeit

ZUTATEN
FÜR DEN ZITRONENGRAS-SIRUP:
5 Stängel Zitronengras
50 g frischer Ingwer
200 g brauner Zucker
600 ml Apfelsaft
12 EL Limettensaft

FÜR DEN OBSTSALAT:
½ Mango (etwa 300 g)
½ Papaya (etwa 200 g)
1 Baby-Ananas
10 g Kokos-Chips

Nährwerte pro Portion Eiweiß: 2 g, Fett: 4 g, Kohlenhydrate: 45 g, Kilojoule: 954, Kilokalorien: 229, BE: 4,0
Sirup insgesamt Eiweiß: 1 g, Fett: 0 g, Kohlenhydrate: 265 g, Kilojoule: 4615, Kilokalorien: 1104, BE: 22,0

1 Für den Sirup Zitronengrasstängel abspülen, trocken tupfen und mit einem schweren Gegenstand (Hammer) faserig platt klopfen. Die Stangen mit einer Küchenschere in etwa 2 cm lange Stücke schneiden. Ingwer schälen und in dünne Scheiben schneiden. **2** Zucker mit Zitronengrasstücken, Ingwerscheiben, Apfel- und Limettensaft in einem Topf zum Kochen bringen und auf die Hälfte sirupartig einkochen lassen. Den Sirup durch ein feines Sieb in ein verschließbares Gefäß gießen, abkühlen lassen. Sirup in den Kühlschrank stellen. **3** Für den Obstsalat Mango halbieren und den Stein herauslösen. Eine Mangohälfte schälen. Papaya halbieren und von einer Hälfte die Kerne mit einem Löffel herauskratzen. Von der Ananas Blatt- und Strunkende entfernen. Ananas halbieren und den mittleren Strunk entfernen. Mango, Papaya und Ananas in mundgerechte Stücke schneiden und in einer Schüssel mischen. **4** Den Obstsalat und die Kokos-Chips transportfähig verpacken. Etwa 50 ml Zitronengras-Sirup z. B. in ein kleines Glas füllen und mit einem Twist-off-Deckel® verschließen. **5** Den Sirup vor Ort mit dem Obstsalat mischen und den Salat etwa 5 Minuten ziehen lassen. Den Obstsalat mit den Kokos-Chips bestreuen und genießen.

Tipps Den restlichen Zitronengras-Sirup zugedeckt im Kühlschrank aufbewahren. Man kann ihn auch sehr gut für kalte Getränke oder im Tee verwenden. Oder zu Pfannkuchen reichen.

Exotische
GRANITA

FÜR 4 PORTIONEN
♥ ♥ ♥ ♥

ZUBEREITUNGSZEIT
30 Minuten,
ohne Gefrierzeit

ZUTATEN
2 Bio-Limetten
(unbehandelt,
ungewachst)
1 reife Mango
300 g Bananen
125 ml weißer Rum

650 ml Orangensaft
200 ml Zuckerrohrsirup
oder Agavensirup
(aus dem Reformhaus)
10 Passionsfrüchte
(je 40–50 g)

Nährwerte pro Portion Eiweiß: 4 g, Fett: 1 g, Kohlenhydrate: 80 g, Kilojoule: 1850, Kilokalorien: 442, BE: 6,5

1 Limetten heiß abwaschen, abtrocknen und die Schale abreiben. Limetten halbieren und den Saft auspressen. Mango halbieren und den Stein herauslösen. Das Fruchtfleisch schälen und in Stücke schneiden. Bananen schälen und in Stücke schneiden. **2** Limettenschale, -saft, Mango- und Bananenstücke in einen Rührbecher geben. 100 ml vom Rum, Orangensaft und 150 ml vom Sirup hinzugeben. Die Zutaten fein pürieren. **3** Passionsfrüchte halbieren, die Kerne und den Saft herausschaben. Kerne und Saft durch ein feines Sieb streichen. Passionsfruchtsaft unter die Orangen-Rum-Mischung rühren. **4** Die Fruchtmasse in eine möglichst große, flache Form (am besten eine Metallschale) gießen und in den Gefrierschrank stellen. Nach jeweils 30 Minuten mit einer Teigkarte oder einem Spachtel die sich am Rand bildenden Eiskristalle zur Mitte schieben. **5** So lange wiederholen, bis die ganze Flüssigkeit gefroren ist und sich trockene, locker auseinanderfallende Eiskristalle gebildet haben. **6** Granita in Gläsern oder Schälchen servieren.

♥
MEXIKANISCHER
EISGENUSS

STRAWBERRY-MARGARITA-EIS

FÜR 8 KLEINE EISTÜTEN
(damit Sie Ihre Freundinnen gleich mitbelohnen können)

ZUTATEN
250 g Erdbeeren
50 ml Tequila
50 g Puderzucker
1 EL Limettensaft

FÜR DIE PASSIONS-FRUCHT-SAUCE:
2 Passionsfrüchte
150 g Joghurt

AUSSERDEM:
Backpapier
8 kleine Plastikstiele

ZUBEREITUNGSZEIT
30 Minuten,
ohne Gefrierzeit

Nährwerte pro Portion Eiweiß: 1 g, Fett: 1 g, Kohlenhydrate: 12 g, Kilojoule: 333, Kilokalorien: 80, BE: 1,0

1 Zum Vorbereiten für die Eistüten 8 Bögen (je etwa 16 x 32 cm) aus Backpapier zuschneiden. Die Bögen jeweils zu spitz zulaufenden Tüten formen. Dabei müssen die Spitzen möglichst dicht geschlossen sein. Die Tüten mit einem Tacker fest zusammentackern. Die Spitzen ganz leicht umknicken. Die Tüten aufrecht in gefrierfeste Formen stellen (z. B. dicke Gläser), sodass sie nicht umfallen können. **2** Erdbeeren putzen, abspülen, gut abtropfen lassen und in einen hohen Rührbecher geben. Tequila, 25 g vom Puderzucker und Limettensaft hinzugeben. Die Zutaten mit einem Pürierstab fein pürieren und in den Eistüten verteilen. Die gefüllten Eistüten in den Gefrierschrank stellen und etwa 8 Stunden gefrieren lassen. Nach etwa 1 Stunde Gefrierzeit kleine Stiele

in die Mitte des Pürees stecken. **3** Für die Sauce Passionsfrüchte halbieren und die Kerne mit dem Saft herauslöffeln. Mit Joghurt und restlichem Puderzucker verrühren. Die Passionsfrucht-Sauce bis zum Servieren zugedeckt in den Kühlschrank stellen. **4** Das Eis etwa 10 Minuten vor dem Servieren zum Antauen in den Kühlschrank stellen. Anschließend die Papiertüten entfernen. **5** Das Eis mit der Passionsfrucht-Sauce servieren (das Eis in die Passionsfrucht-Sauce dippen).

♥ BLAU-WEISSES DESSERT-VERGNÜGEN

MOHN-PISTAZIEN-PAVLOVAS
mit Blaubeeren

FÜR 4 PORTIONEN ♥♥♥♥	ZUTATEN		
	4 EL Blaumohn (ungemahlen)	50 g Puderzucker	Mark von ½ Vanilleschote
ZUBEREITUNGSZEIT 55 Minuten, ohne Abkühlzeit	2 Eiweiß (Größe M)	2 TL Speisestärke	100 g Lemon Curd (aus dem Glas)
	Salz	40 g gehackte Pistazienkerne	175 g Blaubeeren (Heidelbeeren)
TROCKENZEIT etwa 90 Minuten	50 g Zucker	175 g Mascarpone (ital. Frischkäse)	
	1 TL Weißweinessig	175 g Magerquark	

Nährwerte pro Portion Eiweiß: 15 g, Fett: 29 g, Kohlenhydrate: 50 g, Kilojoule: 2152, Kilokalorien: 514, BE: 4,0

1 Mohn in einer Pfanne ohne Fett unter Rühren rösten und abkühlen lassen. Eiweiß mit 1 Prise Salz mit dem Mixer (Rührstäbe) steif schlagen. 50 g Zucker nach und nach einrieseln lassen. Essig hinzufügen und so lange weiterschlagen, bis sich der Zucker gelöst hat und die Eischneemasse schön glänzt. Puderzucker mit Speisestärke mischen, auf den Eischnee sieben und gleichmäßig unterheben. Mohn und ⅔ der Pistazienkerne ebenfalls unterheben. **2** Den Backofen vorheizen. Ober-/Unterhitze: etwa 100 °C, Heißluft: etwa 80 °C. **3** Ein Backblech mit Backpapier belegen. Die Eiweißmasse in 4 Portionen teilen, jeweils mit einem Esslöffel auf das Backpapier geben und insgesamt 4 runde Pavlovas formen. In die Mitte jeweils eine kleine Mulde drücken. **4** Das Backblech in den vorgeheizten Backofen (unteres Drittel) schieben. Die Pavlovas bei leicht geöffneter Backofentür etwa 90 Minuten trocknen lassen. Die Pavlovas sollten außen angetrocknet und im Inneren noch weich sein. Die Pavlovas mit dem Backpapier vom Backblech auf einen Kuchenrost ziehen und erkalten lassen. **5** In der Zwischenzeit Mascarpone mit Quark, Vanillemark und Lemon Curd glatt rühren und in den Kühlschrank stellen. **6** Blaubeeren putzen, kurz abspülen und trocken tupfen. **7** Zum Servieren die Mascarpone-Quark-Creme auf den Pavlovas verteilen und die Blaubeeren daraufgeben. Mit den restlichen Pistazienkernen bestreuen und sofort servieren.

♥
MIT ALKOHOL
VERFEINERT

Schokoladen
KUCHEN

FÜR 16 STÜCKE	ZUTATEN		
	FÜR DEN TEIG:	1 gestr. TL Dr. Oetker	FÜR DEN GUSS:
ZUBEREITUNGSZEIT	200 g Edelbitter-	Backin	200 g Edelbitter-
40 Minuten,	Schokolade	¼ gestr. TL Salz	Schokolade
ohne Abkühlzeit	(etwa 70 % Kakaoanteil)	225 g Zucker	(etwa 70 % Kakaoanteil)
BACKZEIT	175 g Butter	3 Eier (Größe L)	30 g Schlagsahne
etwa 50 Minuten	125 g Weizenmehl	3 EL Brandy	etwas Kakaopulver

Nährwerte pro Portion Eiweiß: 5 g, Fett: 22 g, Kohlenhydrate: 29 g, Kilojoule: 1393, Kilokalorien: 333, BE: 2,5

1 Den Boden einer Springform (Ø 20 cm) mit Backpapier belegen. Den Springformrand mit einem Streifen Backpapier auslegen und bis zum Einfüllen des Teiges mit einer Büroklammer feststecken.

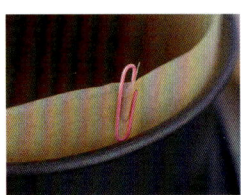

2 Den Backofen vorheizen. **Ober-/Unterhitze:** etwa 160 °C, **Heißluft:** etwa 140 °C. **3** Für den Teig Schokolade in Stücke brechen, mit Butter in einem Topf im Wasserbad bei schwacher Hitze unter Rühren schmelzen, etwas abkühlen lassen. **4** Mehl mit Backpulver und Salz gut vermischen. Zucker, Eier und Brandy in einer Rührschüssel mit dem Schneebesen gut verrühren. Schokolade hinzugeben und gleichmäßig mit einem Teigspatel untermischen.

Das Mehlgemisch mit dem Teigspatel vorsichtig unterheben. **5** Den Teig in die vorbereitete Form füllen. Büroklammer entfernen. Die Form auf dem Rost in den vorgeheizten Backofen (unteres Drittel) schieben. Den Kuchen etwa 50 Minuten backen. Anschließend noch etwa 30 Minuten im ausgeschalteten Backofen stehen lassen. **6** Die Form auf einen Kuchenrost stellen. Den Kuchen mit einem Geschirrtuch bedeckt etwa 2 Stunden in der Form ruhen lassen. Dann den Kuchen vorsichtig aus der Form lösen und auf eine Platte setzen. **7** Für den Guss Schokolade in Stücke brechen, mit der Sahne wie unter Punkt 3 beschrieben schmelzen. Den Kuchen mit der Schokolade bestreichen. Schokolade fest werden lassen. **8** Den Kuchen dick mit Kakao bestäuben und in 16 Stücke schneiden.

Tipp Den Schokoladenkuchen nach Belieben mit einer Porzellan-Rose garnieren.

RICOTTA CHEESECAKES
mit Rosmarin-Aprikosen

FÜR 6 PORTIONEN ♥♥♥♥♥♥	ZUTATEN		
	35 g Butter	225 g Ricotta (ital. Frischkäse)	50 g flüssiger Akazienhonig
ZUBEREITUNGSZEIT	1 Bio-Orange (unbehandelt, ungewachst)	100 g Crème fraîche	1 TL Balsamico-Essig
50 Minuten, ohne Abkühlzeit		30 g Puderzucker	1 TL frische Rosmarinnadeln
	45 g Cantuccini (ital. Mandelgebäck)	1 Ei (Größe L)	
BACKZEIT		1 Eigelb (Größe L)	
etwa 40 Minuten	1 Bio-Zitrone (unbehandelt, ungewachst)	3 Aprikosen (etwa 100 g)	AUSSERDEM:
		½ Bio-Orange (unbehandelt, ungewachst)	6 Silikon-Muffinförmchen

Nährwerte pro Portion Eiweiß: 6 g, Fett: 18 g, Kohlenhydrate: 21 g, Kilojoule: 1133, Kilokalorien: 271, BE: 2,0

1 Die Butter zerlassen. Orange heiß abwaschen, abtrocknen und etwa 1 Teelöffel von der Schale fein abreiben. Cantuccini im Blitzhacker fein zerbröseln, in eine Rührschüssel geben, mit der Orangenschale und der Butter gut vermischen. **2** Den Backofen vorheizen. Ober-/Unterhitze: etwa 150 °C, Heißluft: etwa 130 °C. **3** Die Bröselmischung auf dem Boden von 6 Silikon-Muffinförmchen verteilen und fest andrücken. **4** Zitrone heiß abwaschen, abtrocknen und etwa 1 Teelöffel von der Schale abreiben. Zitrone halbieren, den Saft auspressen und etwa 2 Esslöffel abmessen. **5** Ricotta mit Crème fraîche, Puderzucker, Zitronenschale, -saft, Ei und Eigelb vermischen. Die Ricottamasse in die Förmchen füllen. Die Förmchen auf dem Rost in den vorgeheizten Backofen (unteres Drittel)

schieben. Cheesecakes etwa 40 Minuten backen. Dabei die Backofentür nicht öffnen. **6** Die Förmchen aus dem Backofen nehmen und auf einen Kuchenrost stellen. Cheesecakes erkalten lassen, dann vorsichtig aus den Förmchen lösen. **7** Aprikosen abspülen, abtropfen lassen, halbieren und entsteinen. Aprikosenhälften in schmale Spalten schneiden. Orange heiß abwaschen, abtrocknen und von ¼ der Orange feine Zesten abziehen. Orange halbieren, den Saft auspressen und 4 Esslöffel Saft abmessen. Honig mit Orangenzesten, -saft, Balsamico und Rosmarinnadeln in einer Pfanne kurz aufkochen lassen. Die Aprikosenspalten hinzugeben und unter Schwenken nur kurz heiß werden lassen. **8** Die heißen Aprikosenspalten auf den Cheesecakes verteilen und sofort servieren.

LEMON-ANGEL-CAKE
mit frischen Beeren

FÜR 4–6 STÜCKE ♥♥♥♥♥♥	ZUTATEN		
	1 Bio-Limette (unbehandelt, ungewachst)	1 Bio-Orange (unbehandelt, ungewachst)	Salz
ZUBEREITUNGSZEIT 60 Minuten, ohne Abkühlzeit	1 Bio-Zitrone (unbehandelt, ungewachst)	75 g Weizenmehl 150 g Puderzucker 5 Eiweiß (Größe M)	200 g Schlagsahne (mind. 30 % Fett) Mark von ½ Vanilleschote 250 g frische gemischte
BACKZEIT 30–35 Minuten		1 gestr. TL Dr. Oetker Backin 25 g Zucker	Beeren, z. B. Erdbeeren, Himbeeren, Brombeeren, Heidelbeeren 3 EL Ingwersirup

Nährwerte pro Portion Eiweiß: 7 g, Fett: 13 g, Kohlenhydrate: 57 g, Kilojoule: 1586, Kilokalorien: 379, BE: 5,0

1 Limette, Zitrone und Orange heiß abwaschen, abtrocknen und jeweils 1 Teelöffel von der Schale fein abreiben. Alle Zitrusfrüchte halbieren, den Saft auspressen, je 1 Teelöffel abmessen und beiseitestellen. **2** Den Backofen vorheizen. **Ober-/Unterhitze:** etwa 180 °C, **Heißluft:** etwa 160 °C. **3** Mehl und die Hälfte des Puderzuckers insgesamt 4-mal sieben. Eiweiß steif schlagen. Nach etwa 3 Minuten das Backpulver hinzugeben und unterschlagen. Danach den restlichen ungesiebten Puderzucker, Zucker und 1 Prise Salz hinzugeben und so lange schlagen, bis das Eiweiß sehr steif geschlagen, dick und glänzend ist. Die Mehl-Puderzucker-Mischung und die abgeriebenen Zitrusschalen in 3 Portionen mit einem Teigspatel unterheben. **4** Den Teig in eine ungefettete Springform (Ø 18 cm) füllen und auf dem Rost in den vorgeheizten Backofen (2. Schiene von unten) schieben. Den Kuchen 30–35 Minuten backen.

Die Backofentür in den ersten 30 Minuten nicht öffnen. **5** Die Form aus dem Backofen nehmen und auf ein Stück Backpapier stürzen. Den Kuchen unter der Form vollständig abkühlen lassen. Danach den Kuchen mit einem Messer vom Formrand lösen. **6** Die Sahne mit Vanillemark steif schlagen. Den beiseitegestellten Zitrussaft hinzugeben und untermischen. Den Kuchen rundherum mit der Sahne bestreichen und in den Kühlschrank stellen. **7** Die Beeren putzen, vorsichtig abspülen, trocken tupfen und entstielen. Erdbeeren je nach Größe halbieren oder vierteln. Alle Beeren kurz vor dem Servieren mit dem Ingwersirup mischen und auf dem Kuchen verteilen.

Tipp Falls keine kleine Springform vorhanden ist, können Sie auch einen Tortenring auf 18 °C Durchmesser ausziehen, auf ein Backblech setzen, den Teig hineingeben und backen.

SCHOKO-KIRSCH-CRUMBLE

FÜR 4 PORTIONEN
♥♥♥♥

ZUBEREITUNGSZEIT
45 Minuten,
ohne Kühlzeit

BACKZEIT
35–40 Minuten

ZUTATEN

FÜR DIE STREUSEL:
100 g Butter
20 g gem. Mandeln
125 g Weizenmehl
75 g brauner Zucker
¼ gestr. TL Salz
500 g Sauerkirschen
30 g Zartbitter-
Schokolade

125 ml Kirschsaft
1 TL gem. Piment
1 gestr. EL Speisestärke
75 g Crème fraîche
3–4 EL gesiebter
Puderzucker
2 EL Kirschwasser

AUSSERDEM:
4 feuerfeste Förmchen
oder Gläser
(je etwa 250 ml)

Nährwerte pro Portion Eiweiß: 7 g, Fett: 33 g, Kohlenhydrate: 70 g, Kilojoule: 2612, Kilokalorien: 625, BE: 6,0

1 Für die Streusel Butter zerlassen. Mandeln, Mehl, 25 g vom Zucker, Salz und die warme, zerlassene Butter in eine Rührschüssel geben. Die Zutaten mit einem Mixer (Rührstäbe) zu Streuseln von gewünschter Größe verarbeiten. Teigstreusel etwa 30 Minuten in den Kühlschrank stellen.
2 Kirschen abspülen, abtropfen lassen, entstielen und entsteinen. Schokolade fein hacken. **3** Den Backofen vorheizen. Ober-/Unterhitze: etwa 180 °C, Heißluft: etwa 160 °C. **4** Kirschsaft mit Piment und restlichem Zucker in einem Topf zum Kochen bringen. Speisestärke mit etwas Wasser anrühren, in den Kirschsaft rühren und unter Rühren aufkochen lassen. Den Topf von der Kochstelle nehmen. Schokolade hinzugeben und unter Rühren schmelzen. Kirschen unterrühren.
5 Das Kirschkompott in 4 Förmchen oder Gläser bis etwa 2 cm unter den Rand füllen. Die Streusel darauf verteilen (Streusel können über die Förmchen oder Gläser ragen). Die Förmchen oder Gläser auf dem Rost in den vorgeheizten Backofen schieben. Crumbles 35–40 Minuten goldbraun backen.
6 Crème fraîche mit 2 Esslöffeln Puderzucker und Kirschwasser glatt rühren. Crumbles mit restlichem Puderzucker bestäuben und lauwarm mit Crème fraîche servieren.

♥
MIT ALKOHOL

SCHOKO-COGNAC-TRÜFFEL

FÜR ETWA 40 TRÜFFEL

ZUBEREITUNGSZEIT
50 Minuten,
ohne Kühlzeit

ZUTATEN
200 g Edelbitter-
Schokolade
(etwa 70 % Kakaoanteil)
100 g Vollmilch-
Schokolade

150 g Schlagsahne
50 g Butter
(zimmerwarm)
3 EL Cognac
50 g gesiebtes
Kakaopulver

Nährwerte pro Portion Eiweiß: 1 g, Fett: 5 g, Kohlenhydrate: 3 g, Kilojoule: 288, Kilokalorien: 69, BE: 0,5

1 Beide Schokoladensorten in Stücke brechen, in einem Topf im Wasserbad bei schwacher Hitze unter Rühren schmelzen. **2** Sahne in einem Topf zum Kochen bringen. Den Topf von der Kochstelle nehmen. Die Schokolade gut unterrühren.

Schokoladensahne abkühlen, aber nicht fest werden lassen. **3** Die Butter in einer Rührschüssel mit einem Mixer (Rührstäbe) weiß-schaumig schlagen. Die Schokoladenmasse und den Cognac gut untermischen. Die Masse zugedeckt 3–4 Stunden in den Kühlschrank stellen. **4** Aus der Trüffelmasse mit kühlen Händen kleine Kugeln formen und rundherum in Kakao wälzen.

Tipp Die Trüffel mit einem Gläschen Sherry oder einem Espresso genießen.

Die richtigen
KÜCHENHELFER

Die müssen Mädels einfach haben. Machen Kochen und Backen echt leichter.

DÄMPFEINSATZ
- hilft beim konsequenten Einsatz für die gesunde Küche

KOCHLÖFFEL UND PFANNENWENDER
- ihre sanften Kanten schonen beim Umrühren die Teflonbeschichtung und das Gargut

KORKENZIEHER
- mit einem leicht gängigen Korkenzieher hat eine gute Flasche Wein keine Chance

KÜCHENTÜCHER UND TOPFLAPPEN
- zum Schutz von Händen Fingernägeln und Kleidung

MESSBECHER
- damit lässt sich alles abmessen (Flüssigkeiten, Mehl, Zucker, usw.)

MESSER
- 3–4 gute (nicht zu günstige) Messer können das ganze Leben lang schneiden
- 1 kleines Messer für kleine Arbeiten, z.B. Zwiebel schälen
- 1 mittelgroßes Küchenmesser mit dünner, langer Klinge zum Fleisch bearbeiten und Gemüse schneiden

- 1 Hackmesser mit dicker, hoher Klinge, z.B. zum Kräuter hacken und Scheiben schneiden (da kommen die Finger am Griff beim Schneiden nicht aufs Brett)
- 1 gutes Brotmesser mit Wellenschliff

PFANNE, TÖPFE UND AUFLAUFFORMEN
- in unterschiedlichen Größen je nach Haushaltsgröße und Kochgewohnheiten und Herdart

PÜRIERSTAB
- kriegt alles klein und vollbringt wahre Wunder

SCHNEEBESEN
- elastisch muss er sein und gut in der Hand liegen sollte er
- verfeinert jede Sauce mit einem Stück eiskalter Butter

SCHNEIDBRETTER
- aus Holz oder Kunststoff
- sichere und dekorative Arbeitsunterlage, die auch etwas Farbe in die Küche bringt

SCHÜSSELN
- in allen Größen und Farben, hat frau nie genug
- darin wird gerührt, gemixt, zerkleinert, püriert, zubereitet, angerichtet und auch aufbewahrt

SIEBE
- ein größeres zum Passieren, ein kleines für Tee, Puderzucker oder Schokolade und einen Durchschlag für Gerichte mit frischem Blattsalat oder Pasta

SPARSCHÄLER
- macht das Leben in der Küche viel leichter
- Kartoffeln, Möhren, Gurken und alles andere junge Gemüse werden so schnell hüllenlos

VIERKANTREIBE
- einfach mal ab und zu die Seite wechseln
- frisch geriebener Parmesan-Käse oder Zitronenschale schmecken so viel aromatischer
- praktisch auch für Salate mit Gurkenscheiben oder Möhrenraspel oder …

WAAGE
- beim Kochen ziemlich nützlich
- beim Backen absolut „gelingnotwendig"

ZANGE
- verhindert, dass frau ins Gargut sticht und der Saft ausläuft

Der notwendige GRUNDVORRAT

Nicht nur der kluge Mann schafft Vorrat an. Das können Mädels auch ganz alleine.

BACON
· im Ganzen oder in Scheiben, einfach im Gefrierschrank oder -fach aufbewahren und je nach Bedarf portionsweise entnehmen oder abschneiden

EIER
· zu jeder Tageszeit ein Hit als „schottische" Frühstückseier, Pancakes, Spiegelei – bei der Edelstulle auch mal von der Wachtel – oder als treibende Kraft im Kuchen

ESSIG
· das „i-Tüpfelchen" in jeder Salatsauce
· prägt wesentlich den Geschmack von Salatsaucen und Dips

INSTANTBRÜHE
· gern auch Bio und Gemüsebrühe, auf jeden Fall besser als Wasser zum Angießen

GETROCKNETE PASTA
· einfach, schnell, lecker

HONIG UND AHORNSIRUP
· alternatives Süßungsmittel, nicht nur als Brotaufstrich
· perfekte Abrundung einer Vinaigrette

KARTOFFELN
· unbedingt im Hause zu haben. Nicht nur als Kartoffelpüree oder Baked Potatoes unschlagbar

KRÄUTER UND GEWÜRZE
· machen Geschmack, machen Aroma und machen Spaß beim Essen
· frische Kräuter von der Fensterbank „ernten" und zum Garnieren verwenden
· Gewürze erst unmittelbar vor der Verwendung zerkleinern, z.B. mit Pfeffermühle, Muskatreibe oder Mörser, damit die Geschmacks- und Aromastoffe erhalten bleiben

NÜSSE UND MANDELN
· knackig und unverzichtbar für die gesunde Ernährung

ÖL
· damit läuft alles besser – immer auf gute Qualität achten

PESTO
· prima für schnelle Häppchen und leckere Blitz-Pasta
· verrührt mit Hüttenkäse, Schafkäse und etwas Olivenöl ergibt es einen vegetarischen Dip oder Brotaufstrich
· unbedingt rotes Pesto mal ausprobieren

SCHOKOLADE
· leckerer Notvorrat und süßes Seelenfutter
· je höher der Kakaoanteil, desto besser

SENF
· für jeden Geschmack und Anlass den passenden Senf dazugeben (süß, scharf oder herb, körnig oder fein – zum Verfeinern, Grillen und mit Semmelbröseln zum Überbacken)

TEE
· lose oder als Teebeutel wichtig für alle Lebenslagen

TROCKENFRÜCHTE
· gut als kleiner Snack und als Zutat beim Kochen

ZITRONE ODER LIMETTE
· vielfältig einsetzbar: zum Kochen, Backen, Mixen und sogar zum Reinigen
· Limetten sind noch delikater im Geschmack

ZWIEBELN/SCHALOTTEN/ KNOBLAUCH
· unverzichtbare Grundlage vieler Gerichte

Gut zu wissen:
HINWEISE ZUM BUCH

ABKÜRZUNGEN

EL	=	Esslöffel	evtl.	=	eventuell
TL	=	Teelöffel	geh.	=	gehäuft
Msp.	=	Messerspitze	gestr.	=	gestrichen
Pck.	=	Packung/Päckchen	gem.	=	gemahlen
g	=	Gramm	ger.	=	gerieben
kg	=	Kilogramm	TK	=	Tiefkühlprodukt
ml	=	Milliliter	°C	=	Grad Celsius
l	=	Liter	Ø	=	Durchmesser

KALORIEN-/ NÄHRWERTANGABEN

E	=	Eiweiß
F	=	Fett
Kh	=	Kohlenhydrate
kcal	=	Kilokalorien
kJ	=	Kilojoule
BE	=	Broteinheiten

Bei den Nährwertangaben in den Rezepten handelt es sich um auf- bzw. abgerundete ganze Werte. Lediglich die Broteinheiten werden in 0,5er-Schritten mit einer Stelle nach dem Komma angegeben.

Aufgrund von ständigen Rohstoffschwankungen und/oder Rezepturveränderungen bei Lebensmitteln kann es zu Abweichungen kommen. Die Nährwertangaben dienen daher lediglich Ihrer Orientierung und eignen sich nur bedingt für die Berechnung eines Diätplans, zum Beispiel bei Krankheiten wie Diabetes. Bei krankheitsbedingten Diäten richten Sie sich daher bitte nach den Anweisungen Ihres Diätassistenten bzw. Ihres Arztes.

ALLGEMEINE HINWEISE ZU DEN REZEPTEN

Lesen Sie bitte vor der Zubereitung – besser noch vor dem Einkauf – das Rezept einmal vollständig durch. Oft werden Arbeitsabläufe oder -zusammenhänge dann klarer.

ZUTATENLISTE UND ARBEITSSCHRITTE

Die Zutaten sind in der Reihenfolge ihrer Verarbeitung aufgeführt. Die Arbeitsschritte sind einzeln hervorgehoben, in der Reihenfolge, in der sie von uns ausprobiert wurden.

ZUBEREITUNGSZEITEN

Die Zubereitungszeit ist ein Anhaltswert für die Dauer der Vorbereitung und die eigentliche Zubereitung. Längere Wartezeiten wie Kühl- oder Abkühlzeiten, Auftau- und Durchziehzeiten sind, sofern parallel keine weitere Tätigkeit erfolgt, nicht in der Zubereitungszeit enthalten. Die Garzeiten werden in der Regel gesondert ausgewiesen.

BACKOFENEINSTELLUNG UND GARZEITEN

Die in den Rezepten angegebenen Gartemperaturen und -zeiten sind Richtwerte, die je nach individueller Hitzeleistung Ihres Backofens über- oder unterschritten werden können.

Die Temperaturangaben in diesem Buch beziehen sich auf Elektrobacköfen. Die Temperatureinstellungsmöglichkeiten für Gasbacköfen variieren je nach Hersteller, sodass wir keine allgemeingültigen Angaben machen können. Bitte beachten Sie deshalb bei der Einstellung des Backofens die Gebrauchsanleitung des Herstellers. Ein Backofenthermometer eignet sich dabei gut, um die Backofentemperatur im Blick zu haben.

Kapitel
REGISTER

♥
SCHNELL
FINDEN, SCHNELL
GENIESSEN.

Alphabetisches
REGISTER

UNSER RATGEBER- UND SERVICE-TELEFON

Wünsche und Anregungen sind uns willkommen!
Haben Sie Fragen? Benötigen Sie Hilfe bei der Zubereitung der
Rezepte oder möchten Sie uns etwas mitteilen? Die Mitarbeiter
des Dr. Oetker Verlages und des Verbraucherservices der
Dr. Oetker Versuchsküche beantworten Ihre Fragen gern.

Versuchsküche: **Tel. 0 08 00 71 72 73 74**
                         Mo.–Fr. 8:00–18:00 Uhr
                         (gebührenfrei in Deutschland)

Dr. Oetker Verlag: **Tel. +49 (0) 521 52 06 50**
                         Mo.–Fr. 9:00–15:00 Uhr

Dr. Oetker Verlag KG, Am Bach 11, 33602 Bielefeld
www.oetker-verlag.de | www.facebook.com/Dr.OetkerVerlag | www.oetker.de

Umwelthinweis
Dieses Buch und der Einband wurden auf
FSC®-zertifiziertem, chlorfrei gebleichtem
Papier gedruckt. Die Einschrumpffolie – zum
Schutz vor Verschmutzung – ist aus
umweltfreundlichem und recyclingfähigem
PE-Material.

FSC
www.fsc.org

MIX
Papier aus verantwor-
tungsvollen Quellen
FSC® C004592

Copyright
© 2014 by Dr. Oetker Verlag KG, Bielefeld

Redaktion
Carola Reich, Annette Riesenberg

Rezeptfotos
Janne Peters, Hamburg

Aufmacherfotos
westend61/Rainer Berg (S. 4/5, 62/63)
istock.com/Thomas_EyeDesign (S. 6/7)
fotolia/WavebreakmediaMicro (S. 32/33)
Betsie Van Der Meer/Taxi/Getty Images (S. 100/101)

Rezeptentwicklung und Foodstyling
Michaela Pfeiffer, Hamburg

Titelfoto
Fotostudio Diercks, Hamburg

Nährwertberechnungen
Nutri Service, Hennef

Texte & Ratgeber
Klaus Schäfer, Bonn

Grafisches Konzept
BCW Gesellschaft für Kommunikation, Hamburg

Reproduktionen
Longo AG, Bozen, Italien

Satz
JUNFERMANN Druck & Service, Paderborn

Druck und Bindung
Firmengruppe APPL, aprinta Druck, Wemding

Die Autoren haben dieses Buch nach bestem Wissen und Gewissen erarbeitet.
Alle Rezepte, Tipps und Ratschläge sind mit Sorgfalt ausgewählt und geprüft.
Eine Haftung des Verlages und seiner Beauftragten für alle erdenklichen Schäden
an Personen, Sach- und Vermögensgegenständen ist ausgeschlossen.

Nachdruck und Vervielfältigung (z. B. durch Datenträger aller Art)
sowie Verbreitung jeglicher Art, auch auszugsweise, ist nur mit
ausdrücklicher Genehmigung und Quellenangabe gestattet.

ISBN: 978-3-7670-1025-3